Learning Social Psychology

Episodes of Relationship in Romance, Family, and Friendship

エピソードでわかる

［新版］社会心理学

恋愛・友人・家族関係から学ぶ

編著 谷口淳一・西村太志
相馬敏彦・金政祐司

北樹出版

はじめに

　今、この「はじめに」に目を通そうとされている皆様。なぜ本書を手に取ってくださったのでしょうか。恋愛関係や友人関係について知りたかった、エピソードが気になった、社会心理学の入門書を探していた、あるいは教科書なので購入した……これらのいずれの期待にも本書は十分に応えることができると自負しております。

　さて本書は社会心理学の入門書という位置づけです。ただ現在、社会心理学を学ぶための素晴らしい入門書や概説書はたくさんあります。そのような状況のなか、もっと素晴らしい、ナンバーワンの入門書を作るという正攻法もあったのですが、あえて勝負は挑まず、オンリーワンを目指しました。コンセプトは「こんな入門書があったらいいのに、あるようでない」、「楽しんで読んでいるのに実は深淵な社会心理学の世界にどっぷり浸かっている」みたいな本。そのために、「エピソード」と「恋愛関係・友人関係から学ぶ」という2つの特色を入れることとしました。

　社会心理学は、人間の社会的行動の法則を明らかにすることを目指します。そのために客観性が重視されます。つまり、「私は○○だと思う」、「私は○○の時は○○する」という主観を超えて、多くの人々の行動を説明できる客観性を確保しようとしています。そのため、社会心理学についての入門書や専門書では、実験や調査によって得られた実証データに基づいて説明がなされます。このような客観性の確保が社会心理学の魅力であるともいえます。ただ、そのような客観指標で語られる人間は遠い存在に感じられる場合もあります。コンピュータープログラムで作り出されたアバターや、檻のなかに入った人間といったイメージでしょうか。専門書だとそれでもいいのかもしれませんが、入門書の目的を考えると、それではなかなか感情移入できず社会心理学への関心も高まらないのではないかという疑念を感じていました。そこで本書では、社会心理学のさまざまな理論やキーワードを説明するための具体的なエピソードをメインにすることで、社会心理学で扱われる個々の人間により注目してもらえ

るよう工夫することとしました。そういう意味では、本書の価値はエピソードの面白さに委ねられているともいえます。

　さらに本書は、恋愛関係や友人関係をはじめとする親密な関係という視点から説明を行うこととしました。自己、対人認知、集団といったトピックを独立に扱うのではなく、特定の視点からとらえた方が理解しやすいと考えたからです。また、社会心理学のどのようなトピックを扱うにしろ、親密な関係という視点を抜きには語れないという編著者の思いも反映しています。本書の前半は、他者を知り、コミュニケーションによって親しくなり、そのような親密な関係を維持、発展させるという親密な関係の形成プロセスに従って説明していきます。後半は、親密な関係のなかでの自分という問題、そして親密な関係から受けるポジティブ、ネガティブ両面の影響、そして最後は親密な人たちが集まった集団にみられる問題へと説明の範囲を広げます。

　「エピソード」や「恋愛関係・友人関係」というと楽しそうだけど、内容的には薄いかも……と思われるかもしれません。しかし、そんなことはありません。本書は一見、軟派な雰囲気を醸し出しながらも非常に硬派な内容になっています。社会心理学の基礎的な理論についてはその大部分をカバーしており、また最新の研究知見にも触れています。最後まで読んで頂くと、社会心理学の基礎知識は十分に身につくこととなります。

　本書の読み方ですが、エピソードのタイトルを見て「なんだろう？」と思ったところから読み始めても構いませんし、各エピソードに記載しているキーワードから読むべきエピソードを探して頂いてもよいかと思います。解説部分だけを読んでも問題はないのですが、できればエピソードにも目を通して頂きたいです。執筆者は解説部分以上にこのエピソードを考えることに心血を注いだからです。

　本書は 25 名の執筆者という大所帯のチームを組んで書き上げました。4 名の編著者が広島に集って原稿を依頼する執筆者の選定をしたのですが、基準は以下の 3 つでした。1 つ目は無茶ぶりの依頼を断らない「信頼性」、2 つ目は的

確な解説を書ける「妥当性」、3つ目は面白いエピソードを思いつける「遊戯性」です。そして、まさに無茶な依頼であったにもかかわらず執筆者全員から快諾が得られ、編著者の意図していた原稿を仕上げてくれました。25名の執筆者によって書かれた63のエピソードは多種多様で読者の皆様を飽きさせないことと思います。

　最後に、北樹出版の福田千晶さんに心から感謝の気持ちを伝えたいです。編著者の先送りの性格から、お話を頂いてから出版まで3年もの時間がかかってしまいました。そのあいだ、気長に待ちながら、さりげなく様子を確認してくださったり、気持ちが挫けそうになった時には自信を与えてくれるコメントで激励してくださいました。福田さんという監督なくして本書の完成は不可能だったと思います。

　非日常的に見える映画やテレビドラマよりも、私たち一人ひとりの日常の方がまさにドラマチックだと思います。本書がそんな読者の皆様の人生というドラマで描かれるエピソードを主観的にも客観的にも理解し、より彩りを与えられるための一助になれば幸いです。

　　　2016年大晦日　　　　　　　　　　　　編著者代表　谷口　淳一

[新版] にあたって

　本書の初版刊行から3年が経ちました。エピソードを通した理解が大学の受講生の方や一般の読者の方に好評であり、この度新版発行となりました。そこで本書がより魅力的な1冊になるよう以下のような変更を行いました。①新たな執筆者を加え、エピソードや紹介する諸理論を追加しました。新版では29名の執筆者による68のエピソードとなりました。②公認心理師科目「社会・集団・家族心理学」が設けられたことに伴い、家族関係のエピソードを充実させました。③「この本をもっと活用するための手引き」を追加しました。④学びがより効果的になるよう内容の一部変更や順序変更を行いました。

　　　2020年2月　　　　　　　　　　　編著者代表　谷口淳一・西村太志

目　次

第1章

他者を知る：未知から既知へ

　親密な関係を形成することとは、他者を知ることとも言い換えられる。互いに未知の2人がいかに相手のことを知り、自分のことを知ってもらうのかが親密な関係に進展するかを決めることになる。わたしたちは人生で数えきれない他者との出会いを経験するが、相手のことを知りたいと思う人は限られる。そう、相手に魅力を感じるからこそ、知りたいという気持ちも高まる。ただし、知りたいという気持ちがあれば相手のことを正確に知れるわけではない。得てしてわたしたちは他者を歪んで見てしまう。第1章では対人認知や対人魅力について取り上げる。

たった1つの言葉で印象が変わる

＊keywords ＊印象形成　中心特性　周辺特性　初頭効果　新近性効果

　　サトコ、トモミ、ユミの3人は高校3年生。進級した時に同じクラスになりました。どうやらあらたに赴任した先生が彼女たちの物理を担当することになるようです。どんな先生がやってくるのか、3人は興味津々です。

サトコ「今日から新しい先生がやってくるね。どんな先生なんだろ。」

トモミ「私、情報知ってる！　校長先生が言うにはまだ20代の男性教員で"まじめで、クリティカルシンキングのできる、あたたかい"先生だって。」

サトコ「そうなんだ。なんか1年間、物理を受けるのが楽しみになってきた！」

トモミ「そうだね。受験勉強で行き詰ったときにも相談にのってくれそう。私、物理苦手だからうれしいなぁ。」

　　ところで、彼女たちのクラスでは、化学を担当する先生も新しく赴任した先生になるようです。

ユミ「ちょっと聞いてよー！　これから来る化学の先生、まだ20代の男性教員でほかの先生方から"まじめで、クリティカルシンキングのできる、少しつめたい"先生って言われているみたい。」

サトコ「そうなの？　なんか厳しい授業をしそうだね。」

トモミ「私、化学も苦手だから授業についていけるか不安になってきた。」

ガラガラガラ（ドアを開ける音）

ユミ「あれっ？　物理の先生じゃない？　化学も担当するんだ。」

サトコ＆トモミ「……そうだね。」

■■■　解説：わたしたちは、容姿や声、評判など、他者に関する部分的な情報を手がかりにして、その人物の全体的なパーソナリティについての印象を形成する傾向にある。これを印象形成という（山岸，2011）。

　アッシュ（Asch, 1946）は、表1-1のAからEのリストにある語句（特性語という）を実験参加者に読み聞かせた上で、これらの語句からどのような人物をイメージしたか、その印象を回答するよう求めた。その結果、リストBより

リスト A を提示された参加者の方がポジティブな印象を抱いたのに対して、リスト C からリスト E ではそのような違いは認められなかった。

このような違いが生じたのはなぜだろうか。そのヒントが各リストの上から 4 番目の語句に隠されている。アッシュは、前段落で述べた結果が

表1-1　アッシュの実験で用いられた語句リスト

リスト A	リスト B	リスト C	リスト D	リスト E
知的な	知的な	知的な	知的な	知的な
器用な	器用な	器用な	器用な	器用な
勤勉な	勤勉な	勤勉な	勤勉な	勤勉な
あたたかい	**つめたい**	礼儀正しい	ぶっきらぼう	—
決断力のある	決断力のある	決断力のある	決断力のある	決断力のある
実際的な	実際的な	実際的な	実際的な	実際的な
用心深い	用心深い	用心深い	用心深い	用心深い

※山岸（2011）より作成。上から 4 段目の語句（太字下線付き）を除き、読み上げられた語句は各リストで同一。

生じた理由として、"あたたかい"や"つめたい"の語句が他者の印象を左右するような、インパクトの大きい情報、すなわち**中心特性**であるのに対して、"礼儀正しい"や"ぶっきらぼう"といった語句は他者の印象を左右しない、インパクトの小さい情報、すなわち**周辺特性**であると考えた。今回のエピソードにおいて、実際は同一人物であったにもかかわらず、サトコたちが化学の先生より物理の先生に良い印象をもったのは、サトコたちにとっても"あたたかい"や"つめたい"という情報が中心特性としての役割を担ったからだと考えられる。

また、その後の研究によって、最初や最後に提示された情報の方がそれ以外の順番で提示された情報よりインパクトが大きいことが示されている。それぞれ、**初頭効果**、**新近性効果**という。印象形成には語句の提示順序も大きな影響を及ぼすということである。サトコたちの印象が大きく変わったのは"あたたかい"や"つめたい"が彼女たちにとっての中心特性であっただけではなく、新近性効果も生じていたためだと考えられる。

（中島　健一郎）

人を見る目は自分しだい？

＊keywords ＊対人認知　パーソナリティ認知の基本３次元　暗黙裡のパーソナリティ観（IPT）帰属過程　共変モデル（分散分析モデル）

　俺の名前はタケシ。自己紹介するまでもないけど、まぁどこにでもいるような大学生だ。ヤスシ、サトシ、アツシが俺の親友で、高校時代からいつも４人でつるんでる。ヤスシはとにかくいいやつだ。親しみやすくて優しくて、あたたかさなら誰にも負けやしない。その点、サトシはまじめなやつだ。いつも慎重に物事を考えるし、責任感だって十分だ。一緒に課題をするなら間違いなくサトシだ。アツシはずばり、熱い男、かな。何にでも積極的で、勢いが違う。アツシといると、何だってできてしまいそうな気になれる。将来、ヤスシはサービス業、サトシは公務員、アツシはベンチャー企業の立ち上げとかをしちゃうんだろうな。俺もそろそろ就職のことを考えないと。

　そういえば最近、サトシが映画にはまったってことで、おすすめの映画を朝から晩まで４人で見て回ったんだ。ただ、実はその映画は全部、彼女と前に見たことがあるのはここだけの秘密だ。最初に見たのは魔法使いの少年が主人公の映画で、４人とも大興奮だった。俺は２回目だったけど、やっぱりおもしろかった。２つ目は探偵もの。俺は大好きだったけど、３人はそうでもなかったみたいだ。たしかに俺は昔から探偵ものには目がなかったからな。趣味が合わなくても仕方ない。最後はホラー映画。前の時はお昼でまわりに人がたくさんいたから平気だったけど、今回はレイトショー。アツシが４人でばらばらに座ろうなんて言うもんだから、まわりに人は誰もいなかった。正直、同じ映画とは思えないほど怖かった。なんだかんだあったけど、やっぱり映画は奥深いなと思った１日だったな。

■■■■解説：私たちは、日々のなかの多くの時間を他者とともに過ごし、多様な相互作用をくり返すことで生活している。そのため、自分がかかわりをもつ他者に対して関心を寄せ、その人がどのような人であるのか、あるいは今どのような状態にいるのかを理解していくことが社会生活を豊かにするために重

要なこととなる。このように、わたしたちが通常行っている、性格や能力、態度、意図、感情状態といった人の内面に関わる特性や心理的な過程の推論のことを特に、**対人認知**という。対人認知のなかには、たとえば友人の性格や能力、自分に対する好意の程度を推測することはもちろん、見知らぬ人であっても断片的な情報だけで全体的なイメージを作り上げる過程も含まれる。また、ある人の行動を見て、その人がなぜそのような行動をしたのかという意図や原因を考えることも対人認知である。

　対人認知には、われわれがモノを見る時とは異なり、いくつかの独特の特徴があるといわれている。第1は、時間的にも空間的にも広がりをもった情報が手がかりとして用いられる点である。対人認知では、その時・その場所で対象となる人から与えられる直接的な情報だけではなく、その人がとった以前の行動や第三者からの間接的な情報などが判断に用いられる。第2は、見る側の要因が判断内容に大きな影響を与える点である。対人認知では対象となる人の客観的な特徴が認知を決めることは少なく、同じ場面で同じ行動を見たとしても、人によって異なる印象を抱くことがある。第3は、相互認知の過程が存在する点である。対人認知では、認知の対象となる人は単に認知の対象であるだけでなく、その人もまた、みずから認知を行う人間である。そのため、たとえば人（タケシ）が他者（ヤスシ）をどのように認知するのかは、他者（ヤスシ）が自分（タケシ）をどのように認知しているとその人（タケシ）が信じているのかによっても強く影響を受ける。社会心理学では、対人認知におけるこれらの複雑な特徴をふまえつつ、多くの研究が行われてきた。

　対人認知研究における代表的な研究テーマの1つに、パーソナリティの認知をあげることができる。具体的には、人が他者のパーソナリティを判断する際にどのような基準をもっているのか、その共通性や個人差が検討されてきた。人々がもつパーソナリティ認知の共通性については、林（1978）が「個人的親しみやすさ」、「社会的望ましさ」、「力本性」という3つの基本次元の存在を提案している。個人的親しみやすさとは、その人物に対する社会・対人的評価側面における好感・親和に関連する次元であり、社会的望ましさとは、知的・課

題関連的側面における誠実さ・理知性など尊敬に関連する次元、力本性とは、強靭性や活動性に関連する次元である。ここで、エピソードに登場した人物を思い出してほしい。個人的親しみやすさの次元は、ヤスシの特徴を表している。タケシにとってヤスシは、親しみやすくあたたかい存在であることがわかる。一方、社会的望ましさの次元はサトシの特徴を表している。タケシは、一緒に課題をするなら間違いなくサトシを選ぶと言っている。また、力本性の次元はアツシの特徴を表している。何にでも積極的なアツシは、いつもタケシに元気をくれる存在となっている。ヤスシ、サトシ、アツシは、3つの次元のうちそれぞれでとても高く評価されているが、林（1978）の研究は、人が他者のパーソナリティを判断する際に、多かれ少なかれ、対象となる他者が3つの基本次元の特徴にあてはまるかどうかで判断していることを示している。

　これに対して、パーソナリティ認知の個人差に焦点を当てる研究もある。クロンバック（Cronbach, 1955）は、人が自分自身や他者のパーソナリティ特性を考える際に、素朴で潜在的な信念を用いていることを指摘し、これを個人個人がもつ「**暗黙裡のパーソナリティ観**（implicit personality theory; IPT）」と呼んだ。それぞれの IPT は、性格と性格とのあいだに想定される関連性に加えて、性格特性と職業、行動特性、外見的特徴などとのあいだに想定される一定の関連性によっても構成されている。「暗黙裡の」と呼ばれるのは、それぞれの関連性に対する信念が明確に表現されることが少ないためである。多くの場合、他者に対してどのような特徴づけを行うのかを調べることで、推測していくことになる。タケシの場合、就職活動のことを思った時、ヤスシは親しみやすいからサービス業、サトシは真面目だから公務員、アツシは積極的だからベンチャー企業の立ち上げをするだろうと関連づけて考えていることから、IPT をもっていることがみてとれる。このとき、タケシのもつ IPT について、ヤスシ、サトシ、アツシが必ずしも共有しているとは限らないことに注意しなければならない。

　対人認知には、パーソナリティの認知だけでなく、ある人の行動を見て、その行動の意図や原因を考えることも含まれる。こうした原因推論のことを特に、

帰属過程と呼ぶ。帰属過程を表したモデルは数多く存在するが、ここでは代表的なモデルの１つであるケリーの**共変モデル**（Kelley, 1967）をみてみることとする。このモデルは**分散分析（ANOVA）モデル**ともいわれ、基本は共変原理に基づいている。つまり、いくつかの原因の候補のうち、ある結果が生じた時には存在し、反対にある結果が生じなかった時には存在しなかったような要因に原因帰属されるというものである。この時重要となるのは、弁別性、一貫性、合意性の３つの観点といわれる。４人が見に行ったという「映画」の「おもしろさ」を思い出してみると、弁別性とは他の映画を見た時にもおもしろいと思うかどうか、合意性とはほかの人もその映画をおもしろいと思ったかどうか、一貫性とは同じ映画をいつ見てもおもしろいと思うかどうか、という観点となる。まず、４人はそれぞれにおもしろいと思った映画とおもしろくなかった映画があることから、弁別性は高い状態であったといえる。最初に見た魔法少年の映画は、４人ともおもしろかったと思っていることから、合意性も高い。また、タケシは２回目であっても楽しめていたようなので、一貫性も高い。このように、弁別性、合意性、一貫性の３つともが高い場合には、おもしろさの原因はその映画そのものにあると推論することができる。これに対して、２本目の映画はタケシ以外の３人はおもしろいとは思わなかった。このように合意性が低い場合には、おもしろさの原因は映画でなく、タケシの個人的な性格によると推論することができる。最後に見たホラー映画については、同じ映画でも人が多い時（１回目）と少ない時（２回目）でタケシのなかで印象が変わっている。このように一貫性が低い場合には、映画を見た時の状況の特殊性が原因であると推論される。共変モデルはかなり理想化されたモデルではあるものの、そのわかりやすさ、影響力の大きさから、広く検討されてきたモデルといえる。

（藤原　健）

Episode 3 かわいいあの子のほんとのところ

＊ keywords ＊ベビーフェイス効果　ハロー効果　仮定された類似性　確証バイアス　透明性の錯覚　外見的魅力ステレオタイプ

　サトシには、今ちょっと気になる女の子がいます。彼女はサトシが受けている５つの選択制の授業をすべて受講しています。自由選択の授業が全部かぶるなんてなかなかないので、きっと向こうもサトシに気がついているはず。外見はキレイというよりカワイイ系。童顔で服装のセンスも良し。きっと優しくてまじめないい子に違いありません。同じ授業をとっているくらいだから、気も合うでしょう。

　彼女は数人の友だちと一緒に授業に出ているので、サトシにはなかなか話しかけるきっかけがつかめません。離れた席からこっそり彼女の様子をうかがうので精いっぱいです。彼女のまわりの子は授業態度が悪くて先生からよく注意されますが、彼女は注意されません。いつも熱心に先生の話を聞いているようです。

　ある時彼女のグループが、サトシの席のすぐ後ろに座りました。ひょっとして自分の気持ちに気づかれてる？とドキドキするサトシの耳に、彼女と友だちとの会話がとびこんできました。「マジこの授業だるい。ほかの日バイトあるから来てるけど、超つまんねぇ。」サトシは耳を疑いました。イメージしていた彼女の話し方とだいぶ違います。しかも彼女は授業への関心ではなく、バイトの都合で授業を選んでいたのです。よく思い出してみると、彼女は授業中しょっちゅうケイタイをさわっていました。熱心に受けていたというのは勘違いだったようです。

　がさごそと音がしたので思わずふり返ると、なんと彼女たちは授業中にお菓子の袋を広げて食べようとしていました。「なんだよ」と彼女にじろっとにらまれて、サトシの恋が一気に冷めたことは言うまでもありません。

■■■解説：サトシの恋は残念な結末を迎えてしまったが、サトシのように誰かの性格を推測し、それが外れてしまった経験は誰にでもあるだろう。人の

心は外から見えないので、わたしたちは目に見える特徴をヒントにしてその人がどんな人なのかを推測する。ここでは私たちが他人の内面を推測するのに使っている手がかりと、それがどのようなまちがいをもたらしやすいかを見ていこう。

　使われやすい手がかりの1つは外見、つまり見た目である。特定の服装や身体的特徴と内面的特徴が結びつけられて、その外見であるなら内面はこう、と固定的なイメージを押しつけてしまう場合がある。たとえばサトシの気になる女の子は童顔だったが、童顔の人はそうでない人と比べて「親切で正直であり、あたたかい性格で純真」だと考えられやすい。これを**ベビーフェイス効果**という (Berry & McArthur, 1985)。

　また、1つの特徴が優れているとほかの特徴も優れていると思われやすい。これを**ハロー効果** (Newcomb, 1931) という。ハロー (halo) というのは後光を意味する。1つの特徴が後光のように後ろから照らすことで、輝いていないほかの特徴も輝いて見えるということだ。服のセンスがいいからといって、まじめでいい子であるとは限らないが、1つの特徴が優れていることによって、その人にはほかの優れた特徴も備わっているととらえられやすい。

　サトシは自分と彼女は似ていて気が合うに違いない、と考えているが、これも彼女への好意ゆえのことである。好意を抱く相手と自分のパーソナリティを実際以上に似ていると考える傾向を**仮定された類似性** (Fiedler et al., 1952) という。類似性は相手に対する好意を高める要因ともなる (p.27 参照) ので、実際にはない類似性をもとに相手をよりいっそう魅力的に感じるといったことも生じてくる可能性がある。

　こうしたまちがいも、相手をよく見ていれば修正されると思うかもしれない。しかし、それは思っている以上に難しい。なぜなら人は自分の思い込みに一致するところばかり見てしまったり、思い込みと一致しないことを忘れてしまうからだ。これを**確証バイアス** (p.13 参照) という。

　サトシは意中の彼女が熱心に授業に取り組んでいると考えていたが、それはサトシの勘違いであることが後でわかる。サトシは彼女のことを「まじめ」と

考えていた。これが期待となって、彼女を見る目をくもらせていたと考えられる。たとえばサトシは「彼女の友だちは先生によく注意されるけれど、彼女自身は注意されない」と思っているが、彼女が注意されたことを忘れてしまっているだけかもしれない。また、仮に彼女がおしゃべりをしていなかったとしても、彼女は熱心に携帯電話をさわっていたのだから、まじめに授業を受けていたとは言えない。しかし、彼女が黙って座っている様子を見て、サトシは「彼女は熱心に授業を受けている」と考えた。彼女への期待が確証バイアスを引き起こし、記憶や状況の解釈をゆがめたということになる。

　誤解をしつつ彼女に夢中になっていくサトシだが、彼女が近くに来た時に、「ひょっとしたら自分の気持ちが伝わっているかも？」と取り越し苦労をしている。自分の心のなかが相手に見透かされていると感じることを**透明性の錯覚**という。透明性の錯覚に関して行われた実験（Gilovich et al., 1998, study2a）の参加者は、まず飲み物を口にした時の嫌な気持ちが、自分を見ている相手にどの程度伝わるかを推測した。実験では、参加者は飲み物の入った 15 個のミニカップを 1 つずつ順番に飲み、その様子をビデオカメラで録画された。ミニカップの 1/3 には無害だがまずい飲み物が入っていたが、参加者はいつ自分がそれを飲んだかがばれないように無表情を保つよう求められた。その上で、録画を見る観察者 10 名のうちいったい何名が、自分が今飲んだ飲み物がまずいものかおいしいものかを当てられると思うかを予測した。別の参加者 10 名が実際にこの録画を見て、映っている人がどちらを飲んでいると思うかを答えた。その結果、飲料を飲んだ本人は 10 人中平均して 4.91 人の観察者が飲み物を言い当てると予測していたのに対して、実際に正しく当てられた観察者は 10 人中平均して 3.56 人で、飲料を飲んだ本人は自分の嫌な気持ちが実際以上

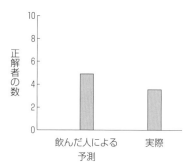

図 3-1　飲み物を当てられる人数の予測と実際
（Gilovich et al., 1998 より作成）

に相手に伝わっていると考えていた（図3-1）。飲み物を飲んで嫌な気分になっている本人は自分が内面的に感じていた嫌悪感情を手がかりとして相手の推測を想像したが、観察者は録画された人物の外見である表情を手がかりとして推測を行っていたために、こうした違いが見られたと考えられる。

　このように、私たちが日頃用いている他者理解の手がかりは、誤った方向に印象形成を導く場合がある。しかし、こうした誤解に基づく行動が結果的に正しい印象をもたらす場合もあることを示す実験（Snyder et al., 1977）がある。参加者は顔の見えない状態で異性と数分間会話し、その様子を録音された。この時参加者には相手の写真（実際には実験のために準備された別人の写真）が渡されたが、写真の人物は魅力的な場合とそうでない場合があった。その後、写真を見ていない第三者が録音を聞いて会話相手を評価したところ、魅力的な人の写真をもらった参加者の会話相手は、そうでない写真をもらった参加者の相手より社交的と評価された。写真は会話相手とは別人のものだったにもかかわらずである。つまり、外見が魅力的であると思われた参加者は、社交的に会話したということだ。アメリカには、外見が魅力的な人は内面も優れているといった**外見的魅力ステレオタイプ**（p.27 参照）が存在する。この実験結果は、「相手は魅力的なので社交的だろう」と考えた実験参加者が相手に対して友好的にふるまった結果、相手もそれに対応する形で社交的にふるまったために生じたと考えられた。このように、人が誤った期待をもって相手に働きかけた結果、その期待に沿った行動を相手から引き出すこともある。サトシの場合誤解が不幸な結果につながったが、場合によってはそれが良い方向に働くこともあるようだ。

（小森　めぐみ）

血液型で性格はわかる？

＊ keywords ＊ステレオタイプ　血液型ステレオタイプ　確証バイアス　サブ
タイプ

　　チアキが大学に入学してしばらくしたある日、所属サークルの歓迎会が開か
れました。チアキの友だちのナツキは、その歓迎会に 30 分遅刻してきました。
その姿を見たハルコ先輩が「ナツキは何型なの？」とたずねました。ナツキが
Ｂ型と答えると、ハルコ先輩は「やっぱりＢ型だよね。歓迎会に遅刻するな
んて、マイペースだよね。まじめなＡ型とは対照的よね」と言いました。さ
らに、「血液型性格判断ってすごくあたっていると思う。私はほとんど正確に
人の血液型をあてられるの」と自慢げに話していました。

　　チアキは、ナツキがいつも周囲に気を遣い、サークルの規則をこれまできち
んと守ってきたまじめな人であることを知っています。そのことはハルコ先輩
も知っているはずなのに、なぜ今日の遅刻だけをみて、Ｂ型だからナツキはマ
イペースだと判断するのだろうと不快に感じました。

　　しばらくして、自己紹介の時間になると、マフユ先輩は「私の血液型はＡ
型です」と言いました。マフユ先輩が毎回サークルに理由もなく遅刻してきた
り、仕事をサボったりすることを、サークルのみんなはよく知っています。そ
のためか、その自己紹介を聞いたハルコ先輩は、「マフユは、Ａ型でも"天然
タイプ"ね」と言いました。チアキは「血液型で性格を判断するのは良くない
な、しかも"Ａ型はまじめ""Ｂ型はマイペース"というのは、あたっていな
いじゃない」と思いました。でも、その場を白けさせるのは悪いと思い、この
時も反論はしませんでした。

■■■**解説**：私たちは、Ａ型だからまじめだろう、金髪にしているからきっ
と乱暴な行動をとるだろう、などとイメージによって相手を判断することがよ
くある。このように、ある集団・カテゴリーについて人々が抱いている固定化
されたイメージのことを**ステレオタイプ**と呼ぶ。血液型性格診断もステレオタ
イプの１つである。これまで、ABO 式血液型と性格に関連がないことは度々

実証されてきた（縄田, 2014）。にもかかわらず、日本においては、ハルコ先輩のように血液型性格診断を信じている人は少なくない。なぜハルコ先輩は、ナツキにはまじめな一面があるにもかかわらず、B型に特徴的とされているマイペースな性格だと判断したのだろうか。また、マフユ先輩の行動が、まじめというA型ステレオタイプと一致していないにもかかわらず、ハルコ先輩は、「**血液型ステレオタイプ**が間違っていた」と思わなかったのだろうか。

　私たちは、ステレオタイプに一致する事象だけに注目し記憶する傾向にあるために、ステレオタイプを正しいと思うのである。たとえば坂元（1995）は、参加者にある人物の性格や行動などが書かれた文章を読んでもらい、その人物がA型（もしくはB型/AB型/O型：参加者によって異なる）にあてはまるかどうかを判断してもらう実験を行った。その文章には、各血液型にあてはまるとされる特徴が5つずつ含まれていた。参加者には、さらに判断の際に文章中のどこに注目したかをたずねた。その結果、A型の特徴を判断するように依頼された参加者は、文章中のほかの血液型の特徴よりもA型の特徴に着目したと回答していた。つまり、最初に伝えられた血液型と一致する特徴により着目していたのだ。ハルコ先輩の場合も、ナツキはB型だからマイペースだという仮説のもと、その仮説に一致する行動だけに着目し、一致していない行動を軽視してナツキの性格を判断したのだ。このように、ステレオタイプは仮説となり、**確証バイアス**（p. 9参照）を引き起こしやすいのである。

　また、ステレオタイプにあてはまらない人たちに出会っても、サブタイプとして処理するため、既存のステレオタイプは修正されにくい。**サブタイプ**とは、ステレオタイプを反証するような特徴をもつ人々のまとまりのことである。たとえば、旧来の性別に関するステレオタイプに対し、キャリアウーマン・草食系男子がそれにあたる。ハルコ先輩の場合も、マフユ先輩に対し「天然タイプのA型」というサブタイプを用い、例外として処理することによって、A型のステレオタイプ自体は間違っていないと考えてしまったのである。

（礒部　智加衣）

"まじめな彼" はほんとにまじめ？

＊ keywords ＊特性推論　対応推論　基本的帰属のエラー　対応バイアス　視点取得における自己中心性バイアス　投影バイアス

　　サトシのゼミでは、テキストの輪読やパソコンを使った統計の勉強をします。先生はよく「質問やコメントはありませんか？」とたずねますが、そんな時に発言するのはいつもユウイチです。ユウイチはとても熱心にゼミに参加していて、ゼミが終わった後も質問をしに行っています。先生も、アシスタントでゼミに参加してくれている大学院生も、まじめな彼に一目置いているようです。

　　そんなユウイチの様子が夏休みを境に変わってしまいました。先生がコメントを求めてもあまり手をあげないし、ゼミの後で質問に行くこともなくなりました。ユウイチはどうしたんだろう。サトシはユウイチのことが少し心配になりました。

　　ある時、大学へ向かう電車のなかでたまたまユウイチに会ったサトシは、思い切って「最近ゼミで元気ないみたいだけど、どうかした？」と聞いてみました。ユウイチは気まずそうな表情を浮かべて「実は…」と教えてくれました。ユウイチは院生さんに片思いをしていて、熱心にアタックしていたそうです。学期が変わってアシスタントが違う人になったので、やる気を失ってしまったとのこと。言われてみれば、ユウイチが質問しに行く先はいつも先生ではなく院生さんの方でした。

　　「俺だったら、毎回質問に来る学生のことは気になっちゃうと思うんだよなぁ。会話も弾んだから、けっこう脈アリだったはずなんだよ」と力説するユウイチ。ここだけの話、あの院生さんはサトシのサークルのOBとつきあっています。この前の大学祭もサークルの出店に２人で仲良く遊びに来ていたので脈アリなわけはないのですが、かわいそうだから今は黙っておいてあげましょう。

■■■解説：サトシはゼミの仲間であるユウイチのことをまじめな優等生だと最初のうちは思っていたが、彼はそこまでまじめな性格ではなかったようだ。わたしたちは人の行動を目の当たりにすると、その人の性格はこうだろうと決

めつけたくなる。しかし、性格と行動の関係はそれほど単純ではない。なんらかの手がかりをもとにしてその人の安定的な特徴について考えることを**特性推論**と呼ぶが、特に1つの行動からその行動に結びつく内面を思い浮かべ、行動をとった人の性格や考え方はこうだと推測することを**対応推論**（Jones & Davis, 1965）と呼ぶ。

　対応推論は特にまわりの人と違う行動をとっている相手に強く生じやすい。サトシはゼミで積極的に発言するユウイチに対して「まじめな人だ」と対応推論を働かせていたが、ゼミの人たちがみんなユウイチのようにどんどん発言をしていたなら、こうした推論は働かなかっただろう。ゼミでは学生同士の積極的な発言や議論が期待されることが多いが、おそらくこのゼミではユウイチ以外の人はあまり発言をせず、ユウイチだけが発言をしていたのだろう。

　そんなユウイチだが、夏休みを境にゼミでのふるまいが一変してしまった。ユウイチの性格をまじめと考えるなら、ユウイチの夏休み後の行動は奇妙だ。性格は状況が変わってもある程度一貫した行動をもたらすことが期待されるので、ユウイチが本当にまじめな性格であれば、夏休みの前でも後でもユウイチは熱心にゼミに取り組むはずだ。しかし、実際はそうならなかった。

　その後のやりとりで、ユウイチの夏休み前の行動は彼のまじめな性格ゆえのものではないことが明らかになった。ユウイチはまじめだから積極的にゼミに参加していたのではなく、片思いの相手である大学院生にいいところを見せようとして目立つ行動をとっていたのだ。だから大学院生がいなくなった夏休み後のゼミでは、彼の行動は変わってしまった。ユウイチの行動は、ゼミに院生がいるかいないかといった状況に影響を受けていたのである。

　考えてみれば、人の行動が性格だけでなく状況の影響を受けるというのはよくわかる話である。しかし、社会心理学の研究では、私たちが他人の行動について考える時に対応推論を強く働かせてしまい、その人に働く状況の影響力を軽視しやすいことが指摘されてきた。これを**基本的帰属のエラー**（Ross et al., 1977）または**対応バイアス**と呼ぶ（Gilbert & Malone, 1995）。

　対応バイアスについて検討した実験（Jones & Harris, 1967）では、実験参加者

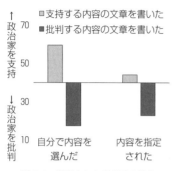

↑政治家を支持

↓政治家を批判

70

50

30

10

□支持する内容の文章を書いた
■批判する内容の文章を書いた

自分で内容を
選んだ

内容を指定
された

図5-1　推測された書き手の態度
（Jones & Harris, 1967 より作成）

はある政治家を支持する文章か批判する文章のいずれかを読んだ後、その文章の書き手自身が政治家をどう思っているかを推測した。半数の参加者には、「文章の書き手は自分の考えに基づいて文章を書いた」と伝えられ、残りの参加者には「文章の書き手は指定された立場で文章を書いた」と伝えられた。自由意思で文章を書いている場合はその内容は本人の態度に沿ったものとなるが、誰かに指定された立場で文章を書いている場合は、その内容が本人の態度に沿ったものであるかどうかはわからない。それにもかかわらず参加者は、自由意思であれ、指定された立場であれ、政治家を支持する文章を書いた人は、実際にその政治家を支持しているだろうと推測した（図5-1）。文章の内容をほかの人から指定されていたかどうかという状況要因は、考慮されづらかった。

　サトシもユウイチに対して対応バイアスを働かせていたといえる。最初のうち、サトシはユウイチの積極的な発言や質問行動を彼の性格的な特徴からとらえていた。よく気をつけていればユウイチが先生にではなく院生ばかりに質問に行っていたことに気づくことができ、彼の行動を院生がいるかどうかという状況要因からとらえることができていたかもしれない。しかし対応バイアスの働きによって、そうした状況要因に目を向けることができなかった。

　このように、サトシはユウイチに対して誤解をしていたわけだが、ユウイチも片思いの相手について思い違いをしていたと考えられる。自分がその院生だったら、毎回質問に来る学生の気持ちに気づくに違いないという推測がそれにあたる。その上で、会話が弾んだので脈アリ、つまり相手も自分に興味をもってくれているという楽観的な推測をしていた。他人の立場に立ってその人の心のなかを想像することを視点取得と呼ぶが、その際に、推測をしている自分自身が考えたり感じたりしていることが影響を及ぼしてしまうことを**視点取得における自己中心性バイアス**（Epley et al., 2004）または**投影バイアス**（Van Boven

& Loewenstein, 2003）と呼ぶ。

視点取得における自己中心性バイアスがなぜ生じるのかは、以下のように説明される（図5-2）。人は他者の心のなかを推測する際に、自分自身がその状況に立ったらどう感じ、考えるかを想像する。しかしその際に、今現在の

図 5-2　他者の視点取得プロセス
（Van Boven & Loewenstein, 2003 より作成）

状況で自分が考えたり感じたりしていることが知らないあいだに影響を及ぼしてしまう。さらに、自分と相手の違いを十分に考慮しているつもりでも、それが足りないために、調整も満足にできずに最終的な推測内容にずれが生じるのである。

ユウイチは「自分が院生だったら、毎回質問に来る学生の気持ちはわかる」と推測していた。しかし、これはユウイチ自身が院生を恋しく思っているために、そう思っていない院生の立場に立って物事を考えることが難しかったのだと考えられる。院生はユウイチに関心をもっていたのではなく、アシスタントとしての仕事についているから質問に対応していただけなのかもしれず、実はここでも対応バイアスが働いていたということになる。　　　　　（小森　めぐみ）

Episode 6

ぱっと見で判断？　じっくり見て判断？

＊ keywords ＊自動的な処理　統制的な処理　二重過程モデル　プライミング効果　制服効果　監獄実験

　大学生のマナがバイトをしているカフェは、平日の朝はけっこう混みあいます。お客さんの列が長くなると、マナは並んでいるお客さんたちの注文を先に予想します。スーツ姿の中年男性はブラックコーヒー、ブランド鞄を持っている若い女性は飲み物とスナックというように、服装を見て予想することが多いです。この予想はあたっていればすばやい対応につながりますが、まちがえるとクレームにつながりかねないので、この方法にあまり頼りすぎないようにも注意しています。

　一方、休日の朝は暇なので、バイト仲間としゃべりながら働くことも多いです。この前は大学のゼミの話で盛り上がりました。マナのゼミの先生は見るからに大学教授という感じのまじめな人ですが、バイト仲間の先生は違うようです。とそこに親子がお店に入ってきました。子どもがゼミの先生と似たメガネをかけているのを見て、マナは「まじめそうな子だな」と思いました。でも、先生がまじめだからといってその子もそうとは限らないか、と思い直しました。案の定、注文されたサンドイッチを席にもっていくと、その子はゲームで遊んでいました。

　マナ自身の外見もほかの人やマナ本人に影響を及ぼしているようです。マナはどちらかといえばおとなしい性格で、人見知りもけっこう激しい方。でもカフェの制服を着ると、どんなお客さんにもにこやかに対応できます。たまたまお客さんでやってきた高校時代の同級生には、びっくりされました。「大学に行って社交的になったんだね」と言われましたが、大学でもやっぱりマナは人見知りです。たぶんこんな風にふるまえているのはこの制服のおかげだなとマナは思っています。

■■■■解説：マナは、お客さんの注文や人となりを理解するための手がかりとして、お客さんの見た目に注目していた。マナ自身の外見も、友だちがマナ

に対して抱く印象に影響を与えていた。外見のようにすぐに手に入る手がかりだけをヒントとして相手を知ろうとすることは多い。しかし、こうした簡単に入手できる手がかりが必ずしもその人の内面を正しく反映するとは限らないし、その人のことを知る手がかりはほかにも存在する。たとえばバイト仲間がどんな人かを知ろうとする時には、その人の外見だけでなく、その人の言動やほかの人からの評判、社会的カテゴリー（性別や人種、出身地など）などのいろいろな手がかりを使うだろう。では、人を知ろうとする時に、外見のような単純な手がかりだけに頼るのはいつで、たくさんの手がかりを使うのはいつなのだろうか。

　人がいろいろな情報を使って考える時には、方法が2つあることがわかっている（Bargh, 1994）。1つは**自動的な処理**（ヒューリスティックな処理と呼ばれることもある）と呼ばれる。これは、その場面においてもっとも目立っている特徴を手がかりとした、すばやい情報処理を指す。一方、複数の手がかりを使ったり、論理的な思考を行うなどして時間をかけて行う情報処理は、**統制的な処理**（システマティックな処理）と呼ばれる。この2種類の情報処理プロセスは誰にでも備わっているが、どちらを使うかは時と場合によって違っており、**二重過程モデル**として理論化されている。

　マナがお客さんの服装に基づいて注文を予測した方法は、自動的な処理にあたる。この方法は服装だけをヒントにしているので、結論（この場合は何を注文するか）をすぐ下すことができる。しかし、まちがった結論にたどりつき、ココアを頼んだサラリーマン風の中年男性にコーヒーを渡してしまうリスクもある。こうした自動的な情報処理は、特に時間的余裕がない場合や、重要性の低い判断を行う場合に働きやすい。一方、時間が十分にあったり、取り組んでいる問題が自分にとって重要な場合には、統制的な情報処理が働きやすくなる。たとえば就職活動の際に、会社のロゴだけを見てその会社に応募しようと決める人はいないだろう。

　自動的な処理が行われる場合、直前に何を頭に思い浮かべていたかも考える内容に影響を及ぼすことがある。マナは、ゼミの先生についてバイト仲間とし

ゃべった直後にメガネをかけた子どもに遭遇し、その子のことを"まじめそう"と考えた。ゼミの先生のことを思い浮かべている時、マナの頭のなかでは先生の外見的特徴であるメガネと内面的特徴であるまじめさが結びついていた。そのため、メガネをかけている子どもを見て、その子どもがまじめであると考えてしまった。このように、直前に頭に思い浮かんでいた内容が後に続く判断や行動に影響を及ぼすことを**プライミング効果**と呼ぶ。

　マナの例でもわかる通り、プライミング効果は一見するとまったく関係のない内容にも影響を及ぼす。プライミング効果を検討したヒギンズたちの研究（Higgins et al., 1977）では、実験参加者は単語の暗記テストを受ける実験と、ある人物の行動情報について読んでその人の印象を答える実験に参加した。2つの実験はまったく別のものであると伝えられ、別の実験者によって実施されていた。しかし、実はこれは1つの実験の前半と後半にあたり、前半の単語テストの内容はポジティブなニュアンスを含んでいる（たとえば「冒険好き」）か、ネガティブなニュアンスを含んでいる（たとえば「向こう見ず」）かの2パターンが存在した。実験の結果、前半でポジティブな単語テストを受けた参加者は、ネガティブな単語テストを受けた参加者と比べて、後半で読んだ勇敢とも無謀ともとれるような行動をとった人の印象をポジティブに答えていた。直前の単語テストによって頭に浮かんでいた単語がプライミング効果を生じさせ、あいまいな行動を解釈する基準となったと考えられる。

　プライミング効果は自動的な情報処理が優勢になっている場合に影響が見られやすいが、同じ場面で統制的な処理を行うと、その効果が消失する場合もある。マナはメガネの子どもを見た時、自分が直前にゼミの先生のことを考えていたことを思い出し、そのことが子どもを見る目に影響しているかもしれない、と考え直した。自分が自動的な処理の結果抱いた印象を、統制的な処理を働かせて修正することができたのである。マナが考え直す余裕をもてたのは、これが起きたのが休日の朝の時間帯だったからかもしれない。もしこれが忙しい平日の朝であれば、統制的な処理を行う余裕がないために、考え直すことはできなかっただろう。

プライミング効果は自動的な処理と関連すると考えられているが、その影響に気づくことができない場合は、統制的な処理にも影響を及ぼすことがある。たとえば、他人から「あの人は悪い人だ」と聞くと、自分では時間をかけて公平にその人を見ているつもりでも、その人が悪い人であることを証明するような情報ばかりに注目してしまうことがある。このような場合は、統制的な処理が行われていても、必ずしもゆがみのない結論に到達できるとは限らない。

　他人が外見をもとに内面を推測することがある一方で、外見のちがいが自分自身の内面に影響することもある。カフェの制服を着ると社交的に行動できるマナは、自分の性格が本来人見知りであることを認めつつも、制服を着ると違ったように行動できると感じている。このように外見を変化させることによって、その外見からイメージされる内面に自分の行動が調整されることを**制服効果**と呼ぶ。制服効果はもともとジンバルドーたちが行った**監獄実験** (Haney et al., 1973) で報告された現象の1つである。この実験では、実験参加者は囚人と看守役に分かれ、囚人役は囚人服、看守役は警官の制服を身に着けた。すると、囚人役はより従属的な、看守役はより威圧的な行動をとるようになったのである。制服効果によって行動が変わっているのであれば、それに応じて印象が変わることも十分にありえるだろう。

（小森　めぐみ）

Episode 7

あたたかい飲み物とお風呂

* keywords * 身体化された認知　身体感覚

　ナツミは最近、前から仲の良かった同じサークルの男の子とつきあい始めました。いざつきあってみると、友だちの関係であった時とは違って、彼のことで悩むことがあります。そんな時はだいたい、友人のミホやエリコに相談しています。ミホとエリコは時には優しく、またある時には厳しく、ナツミの相談にのってくれる友人です。

　ある日、ナツミは彼がサークルのほかの女の子と仲良くしているのを見て、本当に自分のことが好きなのかわからなくなり、「相談があるんだけど」とミホとエリコを誘ってカフェに行きました。ナツミとミホはホットコーヒーを、エリコはアイスコーヒーを頼み、席に座ると、ナツミは彼のことを2人に話し、どう思うかたずねました。コーヒーを飲みながら、まずエリコが、「自分だって彼氏以外の男の人と話すことあるんだし、なんで心配になるのかちょっとわからないんだけど」と、少し突き放すような感じで答えました。一方ミホは、「その気持ちわかるよ、不安だよね」と、ナツミの気持ちをくんで優しく接してくれました。

　悩みが尽きないナツミは、バイト先の人にも彼のことを相談しようとしました。バイト終わりの時間がちょうど一緒になった2人に声をかけましたが、「2人でこれからご飯に行くからまた今度ね」と言われてしまい、相談できませんでした。「自分も一緒に連れてってくれればいいのに」と心のなかで思いながら、ナツミは家に帰りました。その夜はなんだか寒く感じ、いつもはシャワーだけですませているところ、お風呂にゆっくり入ってあたたまることにしました。

■■■■**解説**：ナツミの相談に対し、ミホとエリコとで接し方が異なったのはなぜだろうか。また、ナツミがこの日に限ってお風呂に入ろうと思ったのはなぜだろうか。理由としてはさまざまなことが考えられるだろうが、ここではカフェで飲んでいた飲み物のあたたかさと、お風呂はあたたかいということに注目する。

わたしたちは何かを手に持った時、持ったもののあたたかさや重さ、硬さなどを感じとることができる。このような身体的な感覚がわたしたちの認知や感情、行動と密接に関わっていることが最近の研究で明らかになってきている。こうした研究は**身体化された認知**と呼ばれている。

　ウィリアムズとバージ（Williams & Bargh, 2008）は、実験参加者にホットコーヒーかアイスコーヒーを持たせた後、ある人物の紹介文を読ませ、その人物の印象を答えてもらった。すると、同じ紹介文であったにもかかわらず、ホットコーヒーを持った参加者の方がアイスコーヒーを持った参加者に比べ、紹介文の人物をあたたかい人であると答えていた。この実験結果は、持つものの温度（身体的あたたかさ）が他者に感じる親密さ（対人的あたたかさ）に影響することを示している。ナツミの相談に対して、ミホはあたたかく、エリコは冷たく接したのも、その時飲んでいたコーヒーのあたたかさが一因と考えられるだろう。

　他者から排斥（仲間はずれ、社会的排斥，p.120 参照）されると、部屋の温度を低く感じ、あたたかいもので体をあたためようとすることを示した実験もある（e.g., Zhong & Leonardelli, 2008）。このことから、上記とは逆に、対人的なあたたかさは身体的なあたたかさに影響すると考えられる。ナツミが寒く感じ、お風呂に入ろうと思ったのも、バイト先の同僚に食事に連れていってもらえなかったことが影響していると言えるだろう。

　身体的なあたたかさと対人的なあたたかさは密接に関係しているようである。身体化された認知研究の知見は、わたしたちの判断や行動が気づかないうちに**身体感覚**によって制約されていることを示唆している。

（埴田　健司）

Episode 8

時間のご利用は計画的に

＊ keywords ＊解釈レベル理論　時間的距離　心理的距離

　　タロウは高校1年生です。ある日、タロウのクラスの担任の先生は「将来の進路について今のうちから考えておくように。それと、進学する者は、なるべく早い時期から志望校を決め、入学試験のことも考えておきなさい」と生徒に伝えました。タロウは、高校教師だった父親の姿を見て育ったため、将来は父親のような教師を目指そうと考えました。また、タロウは、立派な教師になるためには、志望校の選択や入学試験もその第一歩として認識していました。しかし、試験自体はまだ2年も先のことであり、ずいぶん先の出来事のように感じていたため、具体的に何かを考え、行動を起こすことはありませんでした。

　　月日が経ち、タロウも高校3年生になると、自然と入学試験を意識し始め、志望校についても悩み始めました。勉強量も増え、入学試験の過去問を分析し、出題傾向や出題方式の把握に時間を費やすことも多くなりました。秋頃になると、タロウは入学試験までの時間が残りわずかのように感じていました。父親が「入学試験がゴールじゃなく、その先も見据えて頑張りなさい」と助言した際は、タロウは聞く耳をもたず、目の前の入学試験で頭がいっぱいでした。

　　しかし、試験の前日、友人が試験会場の場所について話しているのを耳にすると、それまであまり気にしなかったことがタロウは気になり始めました。試験会場への行き方や交通手段、試験当日の流れ、明日の天候など、試験当日のことを確認したくなりました。その日、タロウは試験勉強そっちのけで必要以上に、それらを調べることに時間を費やしてしまい、ついに試験当日を迎えたのでした。

■■■■解説：高校1年生の時のタロウと、高校3年生の時のタロウで、センター試験のとらえ方が大きく違うのはなぜだろうか。トロープとリバーマンが提唱した**解釈レベル理論**（Trope & Liberman, 2010）では、**時間的距離**、社会的距離、空間的距離、確率の4つの種類で構成される**心理的距離**の違いが、事象

（たとえば、入学試験）の解釈に影響することを述べている。たとえば、ある事象が現在の時点からどの程度先の未来の事象に感じるかという時間的距離の違いにより、事象に対する解釈が異なる。時間的距離が遠い場合、自動的にその事象を抽象的にとらえ、近い場合は具体的にとらえる。抽象的な解釈は大きな目標と結びつき、具体的な解釈は目標への手段と結びつきやすい。タロウは高校1年生の時には、将来教師になるという大きな目標から入学試験をとらえていたのに対し、高校3年生になると試験対策という具体的手段からとらえるようになった。それは、時間的距離に応じた事象の解釈が影響したものと考えられる。

　この心理的距離による解釈の違いは、与えられる情報からの影響の受けやすさとも密接に関わる。ナスバームらは、実験参加者に自分自身のテスト成績を予測させることで、時間的距離の影響を検討している（Nussbaum et al., 2006）。実験では、実験参加者に、その日に行われる、あるいは1ヵ月後に行われる一般的な知識に対するテストへの自信を回答させた。実験者は、テストへの自信を回答させる前に、テストの解答形式が選択式、あるいは自由記述式であることを伝えた。その結果、テストがその日に行われると説明された場合は、選択式よりも解答の難しい自由記述式で、テストに対する自信が低いことが示された。一方、そのような解答形式の影響は、1ヵ月後にテストが行われると説明された場合では示されなかった。これらは、テストまでの時間的距離が近い場合には、テストを具体的に解釈しやすいため、解答形式といった具体的情報に影響を受けやすいことを意味する。

　上記の実験結果を含め、解釈レベル理論は、人は心理的距離の近い事象に対し、抽象的情報よりも具体的情報を利用しやすい傾向をもつことを示唆する。入学試験が近づくにつれ、タロウが父親の助言を受け入れられなかったことや、試験前日に試験当日の情報に振り回されたのも、試験を目前に控えているという心理的距離の影響が背景にあったと考えられる。　　　　　　（柳澤　邦昭）

恋に落ちる理由はさまざま

＊keywords ＊対人魅力　外見的魅力（ステレオタイプ）　ハロー効果　マッチング仮説　態度の類似性　合意的妥当化　好意の返報性　社会的承認欲求　近接性　単純接触効果

　　4月の入学式の日、マサルは違うクラスのマリコに一目惚れをしました。桜吹雪が舞う校門を、長い髪をなびかせながら自転車で颯爽と走り去った姿に心を奪われました。それから毎日、学校にいる時もいない時もマリコのことばかり考えていました。しかし、クラスも違いなかなか接触するチャンスが巡ってきませんでした。それから2ヵ月後、6月のある日の昼休み、いつものようにマリコのことをぼうっと考えていると、プロ野球チームの奈良ディアーズについて熱く語っているミナミの声が聞こえてきました。マサルは胸の高鳴りを感じました。なぜなら彼も熱狂的なディアーズファンだったからです。マサルはその日以来、ミナミと親しくなり、ダイブツスタジアムにも何度も一緒に応援に出かけました。夏休みが終わる頃にはミナミに友だち以上の感情をもっている自分にマサルは気づいていました。10月、マサルはミナミに告白しようか迷っていました。そんなある日、同じクラスのアツコに屋上に呼び出され、「好きです、つきあってください」と告白されました。マサルはびっくりして返事を保留しました。その時までアツコのことを異性として見たことはなかったからです。ところが、その日以来、マサルはアツコのことが気になり始めました。最初は「なんだか気まずいなあ」という気分だったのですが、年が終わる頃には「アツコのことを好きかもしれない」と思うようになりました。3月の終業式、今日でクラスは解散し、4月にはクラス替えがあります。マサルは結局、アツコからの告白を断りました。それは、ユウコのことが気になってしょうがないからです。ユウコは1年間、マサルの隣の席に座っていました。

■■■解説：エピソードに登場したマサルは1年間に4人もの女性のことを好きになっている。おそらくマサルは学校内に限定しても多くの女性に出会っているはずである。その多くの出会いのなかでマサルがこの4人に魅力を感じ、

好きになったのにはそれぞれ別々の理由がある。わたしたちが他者に魅力を感じる理由、つまり魅力の規定因が何であるのかについては、**対人魅力**という分野でこれまで数多くの研究が実施されてきた。マサルが4人の女性を魅力的に感じた理由は、①外見的魅力、②態度の類似性、③好意の返報性、④近接性という規定因によって説明できる。

①**外見的魅力**　4月にマリコに惹かれたのは外見が理由である。換言すれば、外見的魅力をその人全体に対する魅力へと広げ（**ハロー効果**（p.9））、好意をもったといえる。外見的魅力がその人に好意を感じる際に、どの程度重要となるのか、その答えはウォルスターら（Walster et al., 1966）の実験で明らかにされた。この実験は大学の新入生を対象としたダンスパーティーにおいて密かに実施された。パーティーの参加者は、性格などいくつかの属性について回答した後、コンピュータが選んだという異性と一緒にパーティーに参加し（実際はランダムにペアが決められていた）、終了後に相手に対する好意度を報告した。集計の結果、もっとも相手から好意を抱かれていたのは外見的に魅力的な人であり、性格や能力といった内面は好意度にほとんど影響していなかった。さらに、参加者自身の外見的魅力の高低にかかわらず、外見的魅力の高い異性が好まれており（図9-1参照）、外見的魅力の釣り合いの取れた異性に好意をもつという**マッチング仮説**は支持されなかった。外見が魅力的な人が好意を抱かれる理由としては、外見が良い人は内面も素晴らしいと思ってしまう**外見的魅力ステレオタイプ**（p.11参照）の存在が報告されている（Dion et al., 1972など）。マサルはマリコの外見を魅力的に感じたのだが、彼女の内面もきっと素敵だろうと"想像"し、より惹かれていったのだろう。ただし、マサルのマリコへの好意が徐々に薄れていったように、相手のことを知るようになると、外見の影響は薄れ、内面の影響が強くなることは戸田（1994）の実験などで明らかになっている。

②**態度の類似性**　次にマサルがミナミを好きになったのは、自分が大好きな野球チームを彼女も好きだったからである。スポーツチームや芸能人、音楽など特定の対象に対する好悪、あるいは環境問題や政治問題、社会問題に対する賛否など、態度が似ている他者にわたしたちは魅力を感じ、好意を抱く。バーン

とネルソン（Byrne & Nelson, 1965）が行った実験では、さまざまな問題に対する態度が自分と似ている他者に対して、対人魅力が高まることが示されている。また、自分と似ている部分の数の多さよりも、その割合が対人魅力に影響することが明らかになっている。つまり、自分と態度が似ている部分が多くても、それ以上に似ていない部分も多ければ対人魅力は低下することになる。自分と態度が似ている他者を好きになる理由は**合意的妥当化**によって説明できる。わたしたちはさまざまな対象や問題に対してなんらかの態度をもっている。ただし、その態度がはたして正しいのか、つまり妥当であるのかについては根拠が乏しく自信がない場合が多い。たとえば、マサルの好きな野球チームが万年最下位だとすると、このまま応援していていいのだろうかと態度が揺らぐこともあろう。しかし、そこで自分と同じ態度、つまり同じ野球チームを応援している他者（＝ミナミ）に出会えば、自分の態度は妥当だったのだと確信することができ、そのことは個人にとって心地よい経験となるので、その合意的妥当化をもたらしてくれた他者に好意を感じる。さらに、態度が似ている他者とは一緒に活動しやすいこともあげられる。同じ野球チームを応援していれば、野球の話をしていても楽しいし、一緒に野球観戦に出かけることもできる。

③**好意の返報性**　次にアツコのことを好きになったのは、彼女が自分のことを好きだとマサルは知ったからである。わたしたちは自分に対して好意を抱いてくれている人のことを好きになる傾向がある。これは**好意の返報性**（Berscheid & Walster, 1969）と呼ばれる。奥田（1997）によれば、好意の返報性が生じる理由は2つある。1つは**社会的承認欲求**が満たされるからである。わたしたちは、他者から認められたいという社会的承認欲求を多かれ少なかれ有している。他者が自分に好意を抱いていると知ることはこの社会的承認欲求が満たされるため報酬となり、そのような報酬に対するお返しとして他者に好意を抱くということである。2つ目の理由は、上述した態度の類似性である。つまり、自分自身に対する態度の類似性である。わたしたちの多くは、自分自身を好意的に見ている。そのため、他者が自分を好意的に見ている場合に、自分自身に対する態度が類似することになり、好意が高まると考えられる。ただし、これはあく

まで自分自身を好意的に見ている場合にしか適用されない説明である。

④近接性 マサルが最後に好きになったユウコは、1年間隣の席に座っていた。単に近くにいること、つまり物理的な近接性も魅力を高めるとされる。フェスティンガーら（Festinger et al., 1950）の大学新入生を対象とした実験では、アパートの部屋や家と家の距離が近ければ近いほど、半年後に友人になる確率が高かったことが明らかになっている。なぜマサルはユウコを好きになったのか。隣に座っていることで話をしたり、一緒に行動する機会が多いことで、外見からはわからなかったユウコの内面を知り、そこに惹かれていったのかもしれない。また、ユウコとは席が近いので簡単に関わることができ、相互作用に伴うコストが小さいために、結果として相互作用や関係の満足感が高くなった可能性もある。さらに、**単純接触効果**の影響も考えられる。単純接触効果とは、文字通り、単純に接触するだけで物や他者に対する魅力や好意が高まる現象である。ザイアンス（Zajonc, 1968）が行った実験では、提示された回数の多い写真の人物に対して好意度が高くなることが明らかにされている。わたしたちは元来、知らない人に対して不安感や警戒感を抱いている。知らない人は自分に対して危害を加える可能性が高いからである。ただし、接触をくり返すうちに、その人が自分に危害を加えないことがわかれば、不安感や警戒感は薄れ、代わりに安心感が高まり、それが好意につながる。マサルは1年間、ユウコの隣で過ごすことで、ユウコに対する警戒感が薄れ、知らず知らずのうちに好意が芽生えたのであろう。

（谷口　淳一）

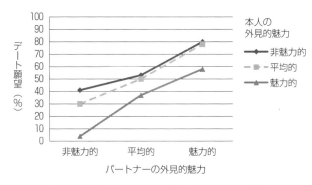

図9-1　ダンスパートナーと後日デートしたい人の割合

（男性の結果：Walster et al., 1966 より作成）

Episode 10

遊園地での告白はうまくいく？

* keywords *生理的覚醒　錯誤帰属　吊り橋実験

　ジュンコは大学2年生。彼氏はいませんが、いつか白馬の王子様がきっと現れると思っています。そんなジュンコですがトシオという最近気になる男性がいます。10日前に合コンで知り合い、毎日SNSのLINEを使ってやり取りをしています。ただ、気が合うなあとは思っているのですが、王子様とは思えません。そんなある日、トシオから奈良山上遊園地に2人で行こうと誘われ、ジュンコは断る理由もなかったのでOKしました。当日は駅前のマンモスバーガーで食事をした後、ケーブルカーに乗り遊園地に向かいました。会話も盛り上がり、ジュンコはトシオといて楽しいなと思いました。遊園地でも楽しく過ごし、最後にジュンコの苦手なジェットコースターに乗ることになりました。ジェットコースターが急降下に向けて、ゆっくりとレールを登っているあいだ、ジュンコは今日1日のことをふり返りながら、わたしはトシオのことを好きなのかなと自問自答していました。答えがわからないまま、ジェットコースターは急降下を始めました……ジェットコースターから降りる際、トシオはジュンコの手を取ってエスコートしてくれました。そして「僕とつきあってください」と言いました。その時、ジュンコは胸の高鳴りを感じている自分に驚き、自分はトシオのことが好きなのだという答えにたどり着きました。

　それから2年後、ジュンコはトシオとの交際について悩んでいました。何かにつけてトシオに対して腹が立ち、「別れ」という選択肢が頭をよぎっていました。そこでジュンコはもう一度あの場所から始めようとトシオを遊園地に誘いました。しかし、想い出の遊園地は今度は「別れ」へとジュンコの背中を押したのでした。

■■■■**解説**：ジュンコのトシオへの恋愛感情はいつ芽生えたのだろうか。告白してくれたことに対する**好意の返報性**（p.28参照）？　エスコートしてくれた紳士的なふるまいにときめいた？　急に手を触られたことにドキドキした？　どれも可能性としてはありえるが、おそらくポイントはもっと前にあった。

それはジェットコースターに乗っている時である。もっと言えば、ジェットコースターに乗ってドキドキ（＝生理的覚醒）したからである。もちろん、このドキドキの原因は、トシオにあるのではなく、ジェットコースターへの恐怖心にあった。しかし、ジュンコは、その時、トシオに告白されたためにドキドキし、自分がときめいているのだと勘違いすることで、トシオへの恋愛感情を確信したのである。このようなプロセスは錯誤帰属と呼ばれ、**吊り橋実験**という有名な研究（Dutton & Aron, 1974）で明らかにされている。実験では不安定な吊り橋もしくは頑丈な橋の上を渡ってきた男性に対して女性が声をかけて、心理テストを実施し、実験結果が知りたければ後で連絡してほしいと自分の名前と電話番号が書かれたメモを男性に渡した。結果は、頑丈な橋の上で実施した場合は電話をかけてきた男性は9％だったのに対して、グラグラと揺れる吊り橋の上で実施した場合は39％もの男性が電話をかけてきた。吊り橋を渡る際の恐怖を女性への恋心であると勘違いしたため、電話をかけてきた男性が多かったと考えられている。

　しかしトシオとジュンコの恋は2年後終わりを迎える。所詮、勘違いの恋だったのだろうか。いや、仮に始まりが勘違いであったとしても2年も関係が続いたということを考えれば、勘違いではない恋愛関係を育んでいたのだろう。しかし、うまくいっている関係でも崩壊へと向かうことはいくらでもある。では、同じ遊園地に行ったことがなぜ「別れ」の決定打となってしまったのだろうか。これはドキドキすることで逆に異性に魅力をより感じなくなる場合もあるからだ。ホワイトらの実験（White et al., 1981）では、軽い運動を行った男性よりも激しい運動を行った男性の方が、魅力的な女性に対する熱愛度（恋心）は高くなったものの、魅力的でない女性に対する熱愛度は逆に低くなった。これは激しい運動によるドキドキを魅力的ではない女性への嫌悪だと勘違いしてしまったためだと解釈される。2年後のジュンコはすでにトシオに対して嫌悪感を抱いていたため、遊園地に行ってドキドキすることでその嫌悪感が増幅され、「別れよう」という一線を越えたのだろう。

（谷口　淳一）

あの子のことを好きと思えるのはなぜ？

* keywords * 対人魅力の理論　強化理論　態度の類似性　バランス理論　好
意の返報性

　　4月に大阪から東京へと旅立つマキは、その夜行きつけのバー"最高老爺"
で行われたサークルの送別会に来てくれた仲間たちのことを思い浮かべていま
した。イケメン留学生のマイケル、「マイケルと一緒に歩いているとみんな羨
ましそうにこっちを見てきたな～」いつも優しくて誠実なアケミ、「悩んでい
た時にはいつも相談にのって助けてくれたな～。口も堅いし、アケミになら何
でも話せたな～」大学の近くに下宿していたアキコ、「大学に入って最初に友
だちになったな～。アキコの部屋に行って夜通し話をしたり、よく一緒に出か
けたりしたな～」ヘビメタバンド"サイコロック"のファン仲間であるサトミ、
「一緒にライブに何回行ったやろ～。ライブの後は朝まで音楽について熱く語
りあうのがお決まりのパターンやったな～」マキのことを慕ってくれている後
輩のヨシコ、「先輩すごいっすね！って毎日のように言われるのはちょっと恥
ずかしかったけど、そうやって誉めてくれるのは自信になったし、正直うれし
かったな～」そしてマキは「みんなええ奴やな～」と改めて思いました。
　　一方、後輩のヨシコは複雑な気持ちで送別会からの帰り道を1人で歩いてい
ました。尊敬する先輩のマキは、ヨシコのことをとても評価してくれていて、
送別会でも「私がいなくなったら、あんたがサークルを引っ張っていかなあか
んよ。ヨシコはその力があるんやから」と言われました。マキに期待されてい
ることは最初うれしかったのですが、自分に自信がもてないヨシコはその期待
を素直に受け入れることができず、最近ではマキを避けるようになっていたの
でした。

■■■解説：どのような相手に魅力を感じるのかを説明する理論はいくつか
あるが、**対人魅力**の多くは**強化理論**によって説明できる。強化理論では、自分
に報酬を与えてくれる人を好み、自分に罰やコストを与える人を嫌うと説明す
る（Berscheid & Walster, 1969）。マキは友人たちのことを思い浮かべながら、友人

たちが自分に多くの報酬をもたらして
くれていることを実感していた。外見
の良い異性と一緒にいることによる周
囲からの羨望、優しい友人によるサポ
ート、趣味や**態度の類似性**による**合意
的妥当化**（p.28 参照）、そして他者から

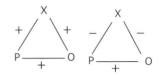

図 11-1　態度が似ている場合の POX モデル
（Heider, 1958 より作成）

の承認はどれも報酬となり、マキは友人に対して魅力を感じていたといえる。

　また、態度が類似している他者に魅力を感じることは**バランス理論**（Heider, 1958）で説明することもできる。バランス理論では、自分を P、相手を O、問題となっている事象や第三者を X として、この 3 つの関係を取り上げる。そして、X に対して自分は肯定的か（P→X）、相手は肯定的か（O→X）、自分は相手のことを好きか（P→O）について、肯定的あるいは好きならプラス（＋）、否定的あるいは嫌いならマイナス（－）で表す。この時、3 つの符号を掛け合わせた積の符号がプラスならバランスがとれており、マイナスならバランスがとれていないこととなる。そして、バランスがとれていないと不快感を経験するため、バランスがとれるように状態を変化させようとする。たとえば、自分（P）がある対象（X）に対して肯定的でも否定的でも、相手（O）の X に対する態度と一致していれば、自分が相手のことを好きな場合にバランス状態となる（図 11-1 参照）。バランス理論は、評価対象としての自分自身を X とすれば、**好意の返報性**（p.28 参照）も説明できる。ただし、それは自分自身を肯定的に評価している（P→X が＋）場合のみである。自分自身のことを否定的に評価している場合（P→X が－）は、相手が（評価対象の）自分を肯定的に評価している場合（O→X が＋）、自分が相手のことを嫌いな場合（P→O が－）にバランス状態となる。ヨシコがマキを避けるようになったのはこのような状態になったからだと考えられる。このように好意の返報性については強化理論とバランス理論で予測が異なる。どちらの理論による予測があてはまるのかは自己評価の安定性や一般性によって異なるとされている（明田, 1994）。

（谷口　淳一）

Episode 12

助けたあの子を好きになる？

* keywords *認知的不協和理論　被援助者への好意

　大学の入学式に向かっていたユウジは、正門の近くでうずくまっている女性を見かけました。ユウジが「どうしたのですか？」と声をかけると、女性は「コンタクトレンズを落としてしまって……」と困り切った顔でつぶやきました。ユウジはすぐに「任せてください！」と言い、探し始めました。ユウジは小学生の時に「なにわの砂金掘り少年」と呼ばれた経験をいかし、すぐに小さなレンズを発見しました。女性は「本当にありがとうございます。これで無事に入学式に行けます。すみません、お名前だけでも教えてもらえますか」と何度もお辞儀しながら言いました。「ユウジです。また困ったことがあったらいつでも連絡してください」と80年代に流行した「あぶなかった刑事」のキャラクターを意識しながら答え、電話番号の書かれた名刺を渡しました。女性は再びお礼を言いながら去って行きました。ユウジは「彼女も同じ新入生か。俺に惚れてしまったかもしれないなあ」と思いながら、女性の名前を聞くのを忘れていたことに気づきました。ただ、きっとすぐにお礼の連絡をしてくれるだろうからその時に聞こうと思いました。

　しかし、女性からの連絡はいつになってもありませんでした。また、同じ大学のはずなのに、授業でも、学内でも見かけることはありませんでした。数ヵ月後、ユウジは毎日のように正門付近にたたずんで、その女性が通らないかを確認しています。彼女のことが気になって、勉強もバイトも、あらゆる学生生活が手につかないのです。そんなある日、ついにユウジは最寄りの駅のホームで彼女を見かけました。彼女はユウジの親友であるタカと腕を組んで楽しそうに歩いていました。

■■■■　解説：エピソードの女性がコンタクトを拾ってくれたユウジのことを好きになるのは理解できるかもしれないが、反対に助けてあげたユウジの方が女性のことを好きになるというのは説明し難いのではないだろうか。ただ、この助けた相手のことを好きになることは、認知的不協和理論で説明できる。

認知的不協和理論とはフェスティンガー（Festinger, 1957）によって提唱された理論で、人は自分の考えや知識と行動とが矛盾していると不快な気持ちになり、その不快感を解消するために自分の考えや知識か行動のどちらかを変えようとすると説明するものである。たとえば、毎日仕事終わりにお酒を飲むことが人生の楽しみだという人がいたとする。しかし、健康診断で医師から「お酒は3日に1日ぐらいに減らしましょう」と言われたとしたら、お酒は体に悪いという知識と、毎日飲酒をしているという行動が矛盾することになる。この状態が不協和状態であり、人はその際、不快感を経験することになる。この不快感を解消するために、医師の言うことを聞いて飲酒量を減らす、つまり行動を変えるか、「やぶ医者の言うことなんてあてにならない」と自分に言い聞かせる、つまり知識や考えを変えるという変化が生じると予想される。

　エピソードにあてはめて考えてみよう。わたしたちは一般に「相手に好意を抱いているからこそ、その相手を助けようとする」という思い込みをもっている。逆に、「嫌いな相手のことは助けようとはしないはず」という思い込みも同様にもっているであろう。エピソードでのユウジは、コンタクトレンズを拾ってあげて女性のことを助けた。この「女性を助けた」という行動は変えることができないので、不協和に陥らないようにするには、「女性を助けた」という行動と一致するように自分の考えや感情を変えるしかない。それゆえ、ユウジは、「女性に好意を抱いていたからこそ、女性を助けた」と思い込むことで、女性のことを好きになってしまったのである。助けた相手に対する好意度が高まることは実験（Jecker & Landy, 1969）でも明らかになっている。この実験の参加者は、実験参加に対する3ドルの報酬を返却してほしいと実験者から頼まれる。なんとも失礼な話であるが、「お金返して」と懇願してきた実験者に実際に報酬を返却した人は、報酬返却を依頼されなかった人よりも、実験者を好意的に評価していた。ただし、報酬が60セントと少ない場合には、報酬返却の有無によって実験者への好意度は変わらなかった。返却した報酬が多いほど、相手を助けてあげたという意味合いが強くなるため、より不協和が影響する可能性が高まったからであると考えられる。

（谷口　淳一）

この本をもっと活用するための手引き
アクティブ・ラーニングでの活用

　本書はエピソードから社会心理学のさまざまな理論や人間行動のメカニズムを理解することを目的として刊行されています。新版では、この本を読者やご採用の先生方がもっと活用できるアイデアをまとめました。これは、昨今大学や高大連携事業等で取り入れられることが多い「アクティブ・ラーニング（主体的な学び）」への活用を視野にいれたものです。筆者が実際に高大連携講義で、15名程度の高校生を対象に実際に実施したプログラムに基づいて紹介しています。高校生対象ではなく、大学生対象でも十分対応可能です。

　1.　エピソードの講義（45分程度）
　2.　エピソードのネタ探しと作文：ひとりで考えてみる（45分〜60分程度、別途時間に応じて自学必要）
　3.　各自のエピソードをグループで考える：意見交換とブラッシュアップ（45〜60分程度）
　4.　グループ代表のエピソードをクラスにプレゼンする（1グループ10〜15分程度）

　大学などで教える立場の方は、このようなプログラムを組むことで、学生の学びに深みを与えることができるでしょう。また、学ぶ立場の方は、単にエピソードを読んで「わかったつもり」になるのではなく、エピソードを通してその背景の理論や考え方をより深く理解することにつながるでしょう。

（西村　太志）

第2章

親しくなる：
親密さを高めるコミュニケーション

　　わたしたちが親しくなるためには、お互いに相手のこと
を知る必要がある。お互いに相手のことを知ろうとすれば、
そこには必然的にコミュニケーションが発生する。コミュ
ニケーションとは、いったい何を意味するのであろうか？
非常に機能的なとらえ方をすれば、コミュニケーションと
は、水が高いところから低いところへと流れ込むように、
ある情報をもつ者からもたない者へとその情報をうまく流
し込む作業だと言うことができよう。第2章では、その
ようなコミュニケーションをいかに活用して、親密さを深
めていくのかについて話を進めていくことにしよう。

Episode 13 自己紹介が親密な関係への重要な第一歩

keywords 自己開示　自己開示の返報性　返報性の規範　自己開示の個人
志向性　自己呈示

　マサキは大学に入学してすぐにテニス同好会に入りました。そこで同じ新入
生のヨウコに一目惚れしました。ただ、マサキはシャイだし、ヨウコは先輩か
らも大人気でなかなか2人だけで話すチャンスがありませんでした。そんな
ある日、練習の終了後、帰り道が同じ方向であったことから2人きりで帰る
ことになりました。マサキはなんとか仲良くなろうと、自分が住んでいる街や
いつもつるんでいる友だちのこと、出身高校、好きな野球チームなど、いろん
な話をしました。それに対してヨウコは、最初は「へ〜」、「そうなんだ〜」と
笑顔で相槌をうっているだけでしたが、そのうちに「わたしの住んでいる街は
ね〜」と自分の話をしてくれるようになりました。この日以来、マサキはヨウ
コとすっかり仲良くなり、テニス同好会で顔を合わせるとよく話をするように
なりました。さらに最近では、ヨウコがいろんな相談をマサキにしてくれるよ
うになりました。相談の際にいつもヨウコは「話を聞いてくれてありがとう。
ほかの人には言わないでね」と言うのですが、そのたびにマサキはうれしくな
るのでした。さらに数日後の同好会からの帰り道に、今度2人で出かけよう
という話になり、映画に行くことになりました。ヨウコから「どんな映画が好
き？」と聞かれたマサキは「洋画ならどんなものでも」と答えました。ヨウコ
は「えっ、ほんと⁉　私も！」と興奮して、今気になっている映画について話
し始めました。実はマサキはこれまでの会話のなかでヨウコが洋画を好きなこ
とを知っていたのです。しかし、マサキは、本当は洋画をほとんど見たことが
なく、詳しくもなかったのでした。

■■■■　**解説**：他者と親密になるために自己開示は欠かせない。**自己開示**とは、
住所や生年月日などのいわゆる個人情報をはじめ、価値観、感情、興味など、
みずからに関わる情報を言葉で他者に伝えることである。相手が自己開示をし
てくれれば、相手について多くのことを知ることができ、また、よく知った相

手に対しては行動の予測が立ちやすく、ストレスなくかかわりをもつことができる。そのことが警戒心を解き、安心感を高め、相手への好意へとつながる。

　また、自己開示を行うことで、相手も自己開示を行ってくれるようになる。マサキの自己開示がヨウコの自己開示を引き出したわけである。これは**自己開示の返報性**（お返し）と呼ばれる。相手から何かをもらったら同等の価値のものを返さなければならないという**返報性の規範**（p.66 参照）が働くことや、相手の自己開示から自分への信頼を読み取り、相手に好意を感じることから（安藤, 1995）、自己開示を返すと考えられている。いずれにせよ、一方の自己開示が他方の自己開示を引き出し、お互いの情報を交換することで、信頼できる関係が形成されていくのである。

　さらに相手の好意を獲得するには**自己開示の個人志向性**（中村, 1984）を高めることが効果的である。誰に対しても自己開示をしているのではなく、その人にだけ特別に自己開示をしているということが伝われば、ほかの人とは違う特別な関係を望む気持ちが伝わる。これは排他的な関係を前提とする恋愛関係（p.88 参照）において特に有効であろう。マサキはヨウコの「他の人には言わないでね」という一言に恋愛関係への発展の可能性を見出したと考えられる。

　本来の自分の性格や考え方を相手に伝える自己開示に対し、相手の目に自分がどのように映るのかを意識しながらみずからの情報を相手に伝えることは**自己呈示**と呼ばれる。相手と親しくなりたいという気持ちが強い場合に、自己呈示は時に本来の自分の姿と乖離することがある。プリナーとチェイクンの実験（Pliner & Chaiken, 1990）では、女性は目の前の男性が魅力的なほど食べる量が少なくなることが示された。これは、「少食な女性のことを男性は好きだろう」という思い込みから、男性の好みに自分が一致するように自己呈示をしたと解釈できる。マサキがヨウコに「洋画が好き」と言ってしまったのも、ヨウコから好かれたいと思う気持ちの表れといえる。ただし、自分にとって大切であることがらに関しては、それが魅力的な相手の好みと違っていても、本来の自分の性格や考え方を呈示することが明らかになっている（谷口, 2001）。

（谷口　淳一）

Episode
14

親友は一瞬で決まる？

＊keywords ＊自己開示　親密化過程　段階理論　社会的浸透理論　初期差異化現象　初頭効果

　北海道出身のケンタは、東京の大学に通うために1人暮らしをしていました。入学してすぐ、ケンタは2人の同級生と知り合いました。

　1人は、同じ心理学部のマコトです。大阪出身のマコトも1人暮らしを始めたばかりで、自由気ままな生活は楽しいけれど、食事の支度をするのが大変などと言いながら盛り上がりました。マコトの大阪弁とノリの良さのおかげで、普段は人見知りなケンタも、彼とはすぐに打ち解けることができました。何よりも2人は、「エバンゲリオス」、「トゥーピース」、「白子のバスケ」といったマンガがお気に入りという共通点をもっており、それ以外にアニメ、ゲーム、音楽などの趣味も合い、2人はあっという間に意気投合しました。卒業後、ケンタとマコトは別々の企業に就職しましたが、5年経った今でも、2～3ヵ月おきにお酒を飲みながら近況を報告しあう関係が続いています。

　もう1人は、サークルで知りあった文学部のセイジです。茨城出身のセイジは明るくて気さくな人物でしたが、ケンタはかなり早い時期からセイジとのかかわりを避けるようになっていました。それには、いくつかの理由がありました。たとえば、はじめて会った日にいきなり、高校1年生の夏からつきあっていた彼女と前日に別れたとセイジから打ち明けられました。その手の話が苦手なケンタは、彼女の悪口を交えながら別れた経緯を詳しく聞かされてとても困りました。その1週間後、学食で一緒に昼食を食べた時には、セイジの両親が離婚していることを打ち明けられ、ケンタはどのように反応したらよいか戸惑いました。卒業後、2人の関係はすっかり途絶えてしまっています。

■■■**解説**：自分の考えや悩みをお互いに打ち明けることで、相手との関係はしだいに親密になっていく。ここで大切なのは、相手との関係に見合った適切な**自己開示**（p.38参照）をするということである。

　対人関係の形成、発展、維持（もしくは崩壊）からなる一連の**親密化過程**を表

現するのが**段階理論**である。段階
理論のなかでもっとも有名なもの
として、アルトマンとテイラー
（Altman & Taylor, 1973）による**社
会的浸透理論**がある。この理論で
は、自己開示する内容の幅広さと
深さが相手との関係性を進展させ
ると仮定する（図14-1）。マコトの
ように、最初は1人暮らしを始め

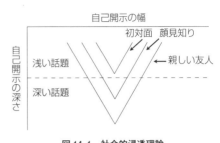

図 14-1　社会的浸透理論
（Altman & Taylor, 1973 より作成）

た感想などの表面的な話題に留め、そこから少しずつマンガやアニメといった
個人的な話題についても自己開示することで、お互いの共通点と差異を知りな
がら2人は友情を深めていけるだろう。一方で、セイジのように、知り合って
間もない時にいきなり失恋や両親の離婚などあまりにもプライベートなことを
自己開示すると、相手に違和感や警戒心を抱かせやすい。社会的浸透理論は、
相手との親しさにふさわしい自己開示が良好な関係性につながるという、対人
関係における暗黙のルールを教えてくれているのである。

　また、初めの頃にセイジがケンタに抱かせた警戒心を後から名誉挽回できる
可能性は、残念ながらきわめて低いこともわかっている。日常生活で出会うす
べての他者と親しくなろうとすると、莫大な時間、お金、労力といったコスト
がかかる。そうしたコストのムダを省くために、最初に印象が良くなかった相
手とはそれ以降のコミュニケーションを避けるのが得策である。このように、
関係形成の直後に親密化過程の結末が決定づけられることを**初期差異化現象**
（Berg & Clark, 1986）という。初期差異化現象は最初の1～2週間で生じるとい
われており（山本・鈴木, 2008; 山中, 1994）、**初頭効果**（p.3参照）の強力さをうかが
わせる一例ともいえる。

（浅野　良輔）

Episode 15

同じ言葉なのに伝えたいことが違う？

＊ keywords ＊対人コミュニケーション　バーバルコミュニケーション　ノンバーバルコミュニケーション　コミュニケーションのチャネル　基本感情

　アキコとハルミは大学4年生で、もうすぐ卒業論文の提出〆切です。2人は研究室でパソコンに向かっています。卒業論文の執筆も、いよいよ大詰めの段階です。指導教員のクボタ先生は指導がとても厳しく、作業が遅いと怒られてしまいます。ここ数日間、アキコとハルミは研究室にこもって、ずっと作業を続けています。

　アキコは険しい表情で首をひねりながら文章を推敲しているところです。そんな時、ふと視界の隅でハルミの表情に気がつきました。隣の席でパソコンを見ながらハルミがにやにやしています。アキコは不思議に思って、首をかしげながら、ハルミを見て「何しているの？」とたずねました。

　声をかけられたハルミは驚いてパソコンの画面を隠そうとしました。アキコが画面を覗き込むと、最近発覚した芸能人のゴシップ記事が書かれたニュースサイトを開いていました。アキコは、ハルミの肩に手をおき、目を見開いてまっすぐに彼女を見つめて、「何しているの！」と強い口調で言いました。ハルミは、真っ赤な顔で、うつむきながら「ごめん。卒業論文を書くのに疲れたから、息抜きで見ていたら、つい時間が経つのも忘れて……」と言い訳しました。

　アキコは、苦笑いしながら首をゆっくり横に振って、「何しているの〜」とあきれた様子でため息をつきました。それから「仕方ないなあ。ラストスパートだし、頑張ろうよ」と笑顔で言いました。それを聞いて、ハルミも真剣な眼差しになり、姿勢を正して「そうだね。すごい卒業論文を提出してクボタ先生を驚かせたいね」と決意を込めて返事しました。

■■■■**解説**：アキコは「何しているの」という言葉を3度ハルミに伝えている。同じ言葉にもかかわらず、アキコがハルミに伝えたいことはそれぞれで異なる。1度目は純粋な疑問、2度目は怠けていたハルミへの注意、3度目は呆れた気持ちを伝えていたと言える。このようなメッセージの伝達は、言葉とそ

れ以外の手がかりを組み合わせてはじめて可能となる。

　人と人とが音声や身体、事物などのいくつもの手がかりを用いてメッセージを伝えあうことを「**対人コミュニケーション**」という（大坊, 1998）。「対人コミュニケーション」は、言葉を手がかりにして気持ちを伝えあう「**バーバルコミュニケーション**」と、言葉以外のさまざまな手がかりで伝えあう「**ノンバーバルコミュニケーション**」とに整理できる。コミュニケーションで用いられる手がかりは**チャネル**と呼ばれる。ノンバーバルコミュニケーションのチャネルは、表情や視線、うなずき、姿勢、ジェスチャー、パーソナルスペース、近言語（言葉の意味を除いた音声的特徴。たとえば、声の大きさや高さ、速さ、アクセント）など多岐にわたる（図15-1参照）。同じ「何しているの」というアキコの言葉は、1度目は首をかしげてハルミを見る様子から、2度目は目を見開いて強い口調で言い放つ様子から、3度目は苦笑いをして首をゆっくり横に振る様子から、それぞれ異なるメッセージが伝達されていると考えられる。日常生活の対人コミュ

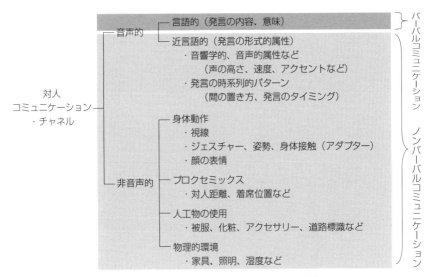

図 15-1　対人コミュニケーションのチャネルの分類

（大坊, 1998; 木村, 2010 より作成）

Episode 15：同じ言葉なのに伝えたいことが違う？　　　*43*

ニケーションでは、言葉はもちろん、ほかにもさまざまなチャネルが組み合わさってメッセージが形成される。

　ノンバーバルコミュニケーションの特徴としては感情伝達の役割があげられる。感情を単に言葉で表現するよりも、表情や視線、ジェスチャーで表現する方が、迅速かつ的確に伝えられる。2度目にアキコが「何しているの」と言った際、怠けていたハルミに注意するアキコの表情や口調からはっきりと怒りが感じられる。ノンバーバル行動のなかでも、特に表情は感情伝達の中心的役割を果たす。エクマンとフリーセン（Ekman & Friesen, 1971）によれば、喜び・驚き・恐怖・怒り・嫌悪・悲しみの6つの表情は異なった文化同士でも伝わるため、進化のなかで人類に備わった普遍的な「**基本感情**」とされている。典型的な喜び表情では目尻に皺ができ、口角が引き上げられる。芸能ニュースをウェブサイトで見ていたハルミや、ハルミを励ますアキコの顔も目尻に皺ができ、口角が上がっていたはずである。また、典型的な驚き表情では、目を見開いて口がぽかんと開く。突然アキコに声をかけられた際のハルミの顔はおそらくそうなっていたと思われる。

　もう1つのノンバーバルコミュニケーションの特徴には自動性がある。言葉に比べて、ノンバーバル行動は自動的に生じやすく、意識的なコントロールが難しい（Ambady & Weisbuch, 2010）。アキコに怒られて真っ赤になったハルミの顔や、呆れたアキコのため息は、本人たちも気がつかないうちに表出されたものかもしれない。もちろん、すべてのノンバーバル行動が自動的なわけではなく、意識的にコントロールできる行動もある。恋人に振られて本当はすごく悲しいにもかかわらず、友人には平静を装って笑ってみせることがありえる。これは、表情を意識的にコントロールした例である。もしも、悲しくて涙を堪えきれず泣いてしまったとしたら、表情をコントロールできなかったことになる。同じノンバーバル行動でも、近言語や身体の動き、微表情（短時間で生じる非常に微細な表情表出）などは相対的にコントロールが難しいとされる。

　このノンバーバルコミュニケーションにはどのようなはたらきがあるのだろうか。パターソン（Patterson, 2011）は、ノンバーバルコミュニケーションの機

能として「情報の提供」「相互作用の調整」「親密性の表現」「対人的影響力」「印象操作」をあげている。「情報の提供」はノンバーバル行動を手がかりにして他者の感情や性格を推測したり、みずからの感情や想いを他者に伝えたりすることを指す。感情伝達という役割もここに含まれる。「相互作用の調整」は、うなずきで相手の発言を促すことや、視線の向け方で発言交代を合図することのような相互のやりとりを調整するはたらきである。「親密性の表現」は、お互いの愛情や親しみ、また、反対に敵意といった関心の程度をノンバーバル行動で伝えあうことである。恋人同士が見つめあい、近づき、微笑むことや、ライバル同士がにらみあい、距離をとることがあてはまる。「対人的影響力」は、他者に命令したり、説得したりするはたらきを指す。たとえば、上司が部下にジェスチャーで指示することや、セールスマンが笑顔でお客に商品をアピールすることがこれにあたる。「印象操作」は、他者に特定のイメージを与えるための**自己呈示**（p.39 参照）としてのノンバーバル行動である。教師が学生に威厳を示すために怒った顔を見せること、また、好きな異性に気に入られるために、その相手を見つめることが例としてあげられる。

　以上のように、ノンバーバルコミュニケーションのチャネルは多岐にわたり、人と人とのかかわりのなかでさまざまなはたらきをもっている。しかも、そのはたらきはわたしたちの気づかないうちに生じることも多い。言葉を発していない時でさえ、ノンバーバル行動によって他者に何かが伝わりうるし、また、他者から影響を受けてもいるのである。

（木村　昌紀）

Episode 16

鏡を見ているかのように、伝えあう

＊keywords ＊対人コミュニケーション　シンクロニー　カメレオン効果　情動伝染

　先日、ワタルは長いあいだ片想いだったリサに思い切って告白したのですが、振られてしまいました。落ち込んだワタルは、バイトの休み時間に、数年来のつきあいになる親友のリョウを控え室に呼び出しました。リョウがやってくると、ワタルはうつむきながら、眉間に皺をよせ、前かがみになって頬杖をついていました。ワタルの深刻な表情を前に、リョウは、テーブルの向かいの席につき、姿勢を伸ばして両手を膝の上に乗せ、まっすぐワタルを見ながら「何があったの？」とたずねました。ワタルはリサに告白して振られたこと、その悲しい気持ちを小さな、低い声で話し始めました。リョウは親身になって、じっくりとワタルの話を聞きました。気がつくと、いつの間にかワタルとリョウの2人はともに、うつむいて眉をひそめ、前かがみの姿勢で頬杖をついていました。小さな、低い声の調子も同じです。リョウはまるで自分もリサに振られたかのように、悲しい気持ちになっていました。

　その時、「何の話をしているの？」と声がしました。同じバイト先で働くアツシです。アツシはバイトを始めてまだ数ヵ月で、最近少しずつ話をするようになりました。ワタルとリョウのいるテーブルに椅子を運び、アツシも席に着きました。ワタルは、告白に失敗した経緯と今の気持ちについて順を追って話しました。アツシはワタルの話を聞いていましたが、しばらくして立ち上がりました。小さな声でぼそぼそと話すワタルに対して、アツシははきはきとした大きな声で言いました。「そっか。振られたのなら仕方ないね。次の相手を探しなよ」頬杖をついて暗い顔で座り込むワタルとリョウを残して、アツシはすたすたと歩いて部屋を出ていきました。

■　■　■　解説：片想いのリサに振られて落ち込んでいたワタルと、親友のリョウが話をしているうち、いつの間にかワタルとリョウの2人は同じ行動をとっていた。**対人コミュニケーション**（p.43参照）で時間が経過するうちに会話者

間の行動が連動し、類似していく現象を「**シンクロニー**」と呼ぶ（大坊, 1998）。ワタルとリョウの2人とも、悲しい表情・前傾姿勢・頬杖のジェスチャー・小さな低い声の調子になってシンクロニーが起きていた。

　わたしたちは、自分でも気づかないうちに目の前の他者の行動を模倣する傾向がある。まるでカメレオンのように、目の前の他者の行動に合わせて自身の行動を協調させていく。この現象を「**カメレオン効果**」という（Chartrand & Bargh, 1999）。はじめ姿勢を伸ばし、両手を膝の上に乗せ、ワタルに視線を向けていたリョウは、話を聞くうちに、ワタルと同様に、うつむいて眉をひそめ、前傾姿勢で頬杖をつくようになっていた。リョウは自覚のないまま、ワタルの悲しみの表出を模倣したと思われる。このカメレオン効果は、ワタルとリョウのような親密な関係ほど生起しやすいとされる。

　また、他者の感情表出を見ることで自分にも同一の感情が生じる「**情動伝染**」と呼ばれる現象がある（Hatfield et al., 1994）。悲しんでいるワタルを見て、まるで自分が告白に失敗したかのように胸を痛めるリョウがこれにあてはまる。対人コミュニケーションでは、会話者間の行動が連動し、類似するだけでなく、内的な感情経験も連動し、会話者から会話者へと伝染する。

　それでは、ワタルとアツシの会話はどうだろうか。リョウに話した際と同じように、頬杖をついて暗い顔のまま座り込み、小さな声で話すワタルと、立ち上がってはきはきと大きな声で話すアツシは対照的だった。ワタルとアツシのように、それほど親密でない相手や関心の高くない相手とはシンクロニーやカメレオン効果は生じにくい。相手と親密でいたい（親密になりたい）場合は模倣が生じやすい一方、無関心な相手や敵対する相手の場合には模倣が生じにくく、会話者間で反対の感情表出が起こることもある（Hess & Fischer, 2013）。

　親密な関係を志向するコミュニケーションでは、ワタルとリョウのような2人もしくはそれ以上の複数の会話者間で、まるで鏡を目にしているかのように行動が連動し、類似することで、互いの感情も近づいていきやすい。しかし、相手に関心がない場合や敵視している場合には、会話者間の行動はちぐはぐで、ぎこちないものになりやすいのである。

（木村　昌紀）

Episode 17

近からず、遠からず

＊keywords ＊空間　パーソナルスペース　プロクセミックス　対人距離

　ケイタは京都の大学に通う大学生。鴨川沿いを自転車で通学しています。河原沿いにはいつもいろんな人がいます。たとえば読書をする人や楽器の練習をする人、楽しそうな友人たち、仲良しカップル。彼らを見ながら自転車を走らせるのがケイタの日課です。ある日の朝、ケイタはおもしろい現象に気づきました。河原沿いにいる人たちの多くが、均等な距離感を保って座っているのです。何かの標識があるわけでもないし、それぞれ相談して座る位置を決めたような気配もありません。不思議なこともあるものだなと思いつつ、ケイタは大学へと急ぐのでした。

　大学に着いたケイタは授業を受けに大講義室へ。この授業は大学のなかでも1、2を争う人気講義で、とにかく広い教室もすぐに前から埋まってしまいます。ただ、ケイタは真ん中少し後ろの席で講義を聞くのが好きでした。前すぎても圧迫感があるし、遠すぎると授業の臨場感が薄れて眠くなるからです。授業中に質問したいなと思った箇所については、休み時間に先生に聞きに行きます。教室から出ていく人の波をかき分けるのは一苦労ですが、1対1の近距離で話す時の先生は授業中とは違った表情やしぐさを見せてくれるから、質問もしやすいのです。

　授業を終えたケイタは図書館に一直線。何を隠そう今は定期試験の直前で、単位を取るべく猛勉強する予定です。決意を胸に、いつもの机の端っこの席へ。時間を忘れて勉強していたケイタでしたが、ふと、隣の席に見知らぬ人が座ったことに気づきました。まだほかの席も空いているのに、なんで自分の隣に？なんとなく居心地の悪くなったケイタは、向かいの席の端っこに移動することにしたのでした。

■■■解説：ケイタも含めてわたしたちは、物理的な空間のなかで生活している。**空間**という言葉は通常2つの異なる意味で用いられる。1つは場所を中心とした意味で、もう1つは人を中心とした意味である。前者は縄張りやテリ

トリーと呼ばれ、たとえば「関係者以外立ち入り禁止」といった看板や標識を使うことで目に見える形にすることができる。これに対して後者は**パーソナルスペース**と呼ばれ、一般的には目に見える形にすることはできない。もともとは動物学や生態学の分野でみられていた議論が、ソマー（Sommer, 1959）などによって人を対象にした研究に持ち込まれた。

　パーソナルスペースは、人を中心としてその人の動きに伴って移動することから「カタツムリの殻」や「石鹸のアワ」と表現されることもある。その形は身体を中心として左右対称で、前方にやや長く、後方には短くなっている。一般的にパーソナルスペースの侵害は不快感につながるため、人はそうした事態を避けるようにうまく調整を働かせる。ケイタが見かけた河原沿いの人たちが、標識もないのに均等な距離を保って座っていたのもそのためである。いったんパーソナルスペースが侵害されると、侵入者に対して相応の対処反応が生じることになる。図書館で見知らぬ人が隣に座った時、何となく居心地の悪くなったケイタが空いた席を見つけて移動したことを思い出してほしい。ケイタは自分のパーソナルスペースが侵害されたことを不快に感じ、パーソナルスペースをあらたに確保し直すために席を移動したのである。

　人はコミュニケーションをするためにもうまく空間を使っている。こうした空間の調節行動は**プロクセミックス**と呼ばれ、代表的なものとしては、ホール（Hall, 1966）が**対人距離**の様相を4段階に分けて解説している。それぞれは密接距離（0〜45cm）、個体距離（45〜120cm）、社会距離（120〜360cm）、公衆距離（360〜760cm以上）といい、私たちは相手との関係や状況に応じて適当な距離を使い分けているというのである。ケイタも大講義室で授業を受ける時にはこれらの距離を使い分けていた。講義の時には少し後ろの方に座っていたケイタも、先生に質問する際には前に駆け寄っていた。一方的に話を聞く時と1対1でやりとりをする時とでは心地よい距離が違うのであろう。先生もこれに応えるように、距離の近い場合には表情やしぐさを使い分けている。なお、こうした距離の置き方には絶対的な基準はなく、文化の違いによって多少の変化があることが知られている。

（藤原　健）

Episode 18

近づくほどに見なくなる？　もっと近くで見たくなる？

＊keywords＊親密さ平衡理論　コミュニケーションのチャネル　親密さの表出　チャネル間の相補性　チャネル間の返報性

> 　トシキとヒトミとショウの3人は、大学2年生で同じテニスサークルのメンバーです。トシキは、ヒトミに恋心を抱いています。でも、ヒトミの方はトシキを友人として見ており、実はショウのことが気になっています。
>
> 　ある朝、キャンパスの広場で、トシキは遠くの方にヒトミの姿を見つけました。トシキが呼びかけると、ヒトミも気がついて返事し、手を振りました。2人の目はお互いの姿をしっかりととらえています。トシキがヒトミの方に駆け出すと、2人の距離が徐々に近づきます。トシキがそばに駆け寄ると、ヒトミはトシキから少し視線を逸らしました。「来週の練習は大学でコートを借りるんだよね」とトシキが話し始め、「うん、そうなんだ。わたしが担当だから事務室で手続きしないと」とヒトミも答え、2人はしばらく立ち話していました。
>
> 　その日の午後、授業後の大教室でショウが教室の隅にいるヒトミに気がつきました。ショウは「ヒトミ」と呼びかけ、ヒトミも「ショウもこの授業を取ってたの？」と返事しました。2人の目はお互いの姿をしっかりととらえています。ショウは、教室の隅にいるヒトミのところに歩いていきました。徐々に2人の距離が近づいています。ショウがそばに来ると、ヒトミはまっすぐショウを見たまま微笑んでいます。「この授業、かなり難しくない？」とヒトミがたずね、「そうだね。テストの準備をしっかりやらないと単位を落としそうだよ」とショウが答えました。その後も、2人の立ち話はしばらく続き、大きな声で盛り上がっていました。

■■■解説：トシキが近くに駆け寄ってきた時、ヒトミは遠くにいた時ほどトシキに視線を合わせなくなった。これはなぜだろうか。アーガイルとディーン（Argyle & Dean, 1965）の「**親密さ平衡理論**」によると、2者間の親密さのレベルは視線や笑顔、パーソナルスペースの近さ（p.49 参照）など多岐にわたる**コミュニケーションのチャネル**（p.43 参照）で全体的に表現される。この理論

では、対人コミュニケーションにおいて、2者間の親密さのレベルを一定に保とうとする力が働き、そのレベルに対応するように2者間の**親密さの表出**が調整されると仮定している。特定のチャネルで親密さを表現できない時には、その分だけ別のチャネルで親密さを表現する。一方、特定のチャネルで親密さを表現する時には別のチャネルで親密さの表現を抑制して調整するのである。これは**チャネル間の相補性**を示している。キャンパスの広場でトシキとヒトミが遠くにいて、パーソナルスペースで互いの親密さを表現できない時は、相手を見ることで親密さを表現していた。ところが、トシキが駆け寄ってパーソナルスペースで親密さが表現されると、ヒトミはトシキを恋愛対象としては見ていないので視線量を減らすことで、親密さの表現を一定のレベルに維持するように調整したと考えられる。

　それでは、ショウが近づいた時、ヒトミがショウをまっすぐ見つめ微笑んでいたのはどうしてだろうか。親密さ平衡理論に従えば、ヒトミは親密さのレベルを一定に保とうとショウを見なくなるはずである。実は、親密さ平衡理論には適用範囲があり、相手との親密さのレベルを現状維持したい場合に限られる。その相手ともっと親密になりたい場合には、相手の親密さの表現に対して、みずからも親密さの表現で応える**返報性**（p.39 参照）が生じる（e.g., Patterson, 1976）。大教室でショウとヒトミが遠くにいた時は、互いに相手に視線を合わせることで、親密さを表現していた。加えて、ショウがヒトミに近づきパーソナルスペースの近さで親密さを表現した際も、ヒトミは気になるショウとの親密さを現状より高めようとして、ショウを見て微笑み、視線と笑顔で親密さの表現を返報したのである。

　コミュニケーションのチャネルはそれぞれが独立して働くのではなく、連動している。親密さを一定レベルに維持したい場合、パーソナルスペースが近くなれば視線を逸らすといったように相補性が働く。一方で、親密さのレベルを現状よりも高めたい場合は、パーソナルスペースが近くなった相手を見つめるといったように返報性が働くのである。　　　　　　　　　　　　　（木村　昌紀）

Episode 19

「家に遊びにおいでよ！」と言われたのに……

＊ keywords ＊ 社会的スキル　エティック・エミックアプローチ　文化共通の
スキル　文化特有のスキル　社会的スキルトレーニング（SST）

　　ワンは中国からの男子留学生。来日してから、同じゼミのタカシという日本
人学生と、互いに自国のことなどについていろいろと楽しく会話をしていまし
た。異国の地にいるワンにとって、このような話し相手がいることはたいへん
ありがたいことで、ワンはタカシと友だちになったと感じていました。話をし
ているなかで、ワンはタカシから、「今度、家に遊びにおいでよ！」と誘いを
受けました。ワンはたいへん喜んで、躊躇することなく、「ぜひ、今度行かせ
ていただきます」と答えました。それから、ずっとタカシの家に遊びに行くこ
とをワンは楽しみにしていました。

　　早くも数ヵ月が経ちました。しかし、タカシから、家に遊びにおいでよ、とい
う話はその後いっこうに出てきません。そこで、ワンはついに、「このあいだ言
ってくれた家に遊びに行くという話だけど、いつ行ったらよいのかな？」とタカ
シにたずねました。すると、タカシは困ったような顔をして、「え、えーっと、
最近忙しくて、またそのうちに……」と慌てて言葉を濁しました。ワンは、タカ
シの誘いの言葉と目の前の困った表情とのあいだに落差を感じました。なぜな
ら、中国にいた時、友だちから「遊びにおいで」と言われたら、ふらりと立ち
寄っても快く受け入れてもらえた経験があったからです。この出来事によって、
ワンはタカシに対して、不信感をもつようになりました。また、タカシも自分が
これ以上誤解されないようにと思って、だんだんワンと距離を置き始めました。

■■■ **解説**：なぜワンは日本では社交辞令とされているタカシの言葉を真に
受けてしまい、タカシのことを誤解し、人間関係がギクシャクしてしまったの
だろうか。実は、ほかの国に行って対人関係において起きたこのようなコミュ
ニケーションの離隔はアーガイル（Argyle, 1967）が提起した「社会的スキル」
という概念、そしてベリー（Berry, 1989）の提唱するエティック・エミックア
プローチによって説明することができる。

そもそも「社会的スキル」とは何だろうか？　たとえば、友だちに良いことがあれば、わたしたちは明るい声で「おめでとう！」と言い、逆に友だちが悲しんでいる時に、わたしたちは心配そうに慰めの言葉をかける。このように状況や相手のことを理解し、それに合わせて対人関係で適切な（言語的、非言語的な）行動をとること、あるいはとることのできることが「**社会的スキル**」である。菊池（1988）は「対人関係を円滑に運ぶために役立つスキル」と定義している。この定義から、スキルの有無は対人関係の円滑さに影響することがわかる。

　一方、**エティック・エミックアプローチ**は、文化現象を「共通性－独自性」という2つの側面から読み解く方法である。このアプローチを、上記の社会的スキルの概念と合わせると、社会的スキルは、どの国や文化にでも通用する「**文化共通のスキル**（共通性）」と、ある特定の国や文化にしか通用しない「**文化特有のスキル**（独自性）」を含むものとなる。

　たとえば、とある外国の映画を見せられ、セリフは理解不能の外国語だが、役者さんの顔に「眉のあたりにシワを寄せた」といった「しかめ面」が現れたとする。この表情から、わたしたちはこの役者さんが不機嫌を演出していると判断できる。つまり、「しかめ面」という表情の意味は、言葉や国の違いを超えて、表す側と見る側で共通しているといえよう。相互作用している双方が互いに相手の言葉や文化を理解できなくとも、相手の感情や状態を理解できる能力は「文化共通のスキル」である。一方、「文化特有のスキル」は、その国に生活している人はもっているかもしれないが、よその国から来た人はそれをもっているとは限らない。「文化特有のスキル」をもっていない人は、その文化での特定の対人場面の意味を理解することができないことがある。それに伴って、不適切な理解や行動を起こすことがあり、それゆえ、相手とのあいだに誤解が生じて、対人関係がギクシャクするのである。「NOと言えない日本人」はその典型例である。欧米社会に出かけた日本人の多くは、相手にはっきりと「NO」を言わないと自分に不利になる場面でも、この拒否の言葉を口にすることができない結果、嫌な思いをしてしまうことがある。日本人にとって、はっきりと「NO」を言うことは欧米社会の「文化特有のスキル」であり、「人当たりの良さ」を

重視する多くの日本人は直接相手を拒否するスキルをもっていない。

　中国から日本に留学してきたワンは、タカシが自分とよく会話をしているという事実をふまえて、タカシと自分が友好な関係にあると認識していた。たくさん会話してくれる相手がきっと「自分に好意や関心をもっている」という推測は、どの国においても成立するような「文化共通のスキル」による判断であろう。しかし、日本で「遊びにおいでよ！」という言葉が時に社交辞令として使われるということは、ワンにとって知らないことがらである。むしろ、「家に遊びにおいでよ！」と言われたら、それは正式な招待であり、行かないと招待した人にとって失礼であるという中国のルールに慣れ親しんでいる。同じ言葉でも、場合によっては、正式な招待にならず、好意の表出だけに終わるという日本の「文化特有のスキル」に対する理解がワンにはできなかったのである。その結果、言われた言葉の意味を文字面の意味だけでとらえ、中国での経験と照らし合わせて、ワンは本当に遊びに行くつもりでいた。しかし、タカシが本当は自分を誘うつもりがなかったこと（「困った顔」の表出と認識は文化に左右されない「文化共通のスキル」）を知り、タカシが口ばっかりで信頼できない人だと誤解してしまった。対して、タカシの立場では、自分にとっての普通のコミュニケーションが誤解され、これ以上の面倒なかかわりは避けたいと思って、ワンと距離を置くことにした。このように、ワンのスキル不足により、本来良好であったはずのタカシとの対人関係がギクシャクしてしまった。

　では、ワンのような、ある領域の社会的スキルをもたない人はその領域での対人関係を諦めるしかないのだろうか。その答はノーである。社会心理学者のアーガイル（Argyle, 1967）は、社会的スキルをテニスの打ち方などといった運動スキルと同じように考えている。つまり、スキルは最初何かをできなくても、練習すればしだいにできるようになるというものなのである。それゆえ、**社会的スキルに対するトレーニング**（以下 SST と略す）という発想が生まれる。ワンは日本的なスキルを理解し、そのスキルを練習すれば、日本人とのコミュニケーションをもっと円滑にすることができると予想される。

　では、社会的スキルをどのように理解、あるいは練習すればよいだろうか。

相川（2009）では、SST の標準的な方法（図19-1）を提示している。図19-1 の「①アセスメント」では、参加者のスキル不足の領域を特定し、SST の中身を決める。続く「②導入」では、SST の必要性など全体の説明を行い、参加者の動機づけを高める。そ

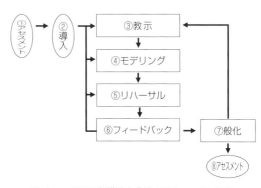

図 19-1　**SST の標準的な方法**（相川, 2009 より作成）

して「③教示」では、参加者に SST を通して獲得させる具体的なスキル（標的スキル）の重要性やスキルを獲得する方法を説明する。「④モデリング」では、標的スキルをモデルによって参加者に示し、それを参加者に観察させ、模倣させる。そのことで参加者に新しい反応を獲得させる。「⑤リハーサル」では、モデリングで示した適切な反応を、参加者にくり返し練習させ、記憶の定着化をはかり、反応の実行率を高める。最後の「⑥フィードバック」では、上記の一連のステップで参加者が習った反応に対して、適切である場合には誉め、不適切である場合には修正をさせる。何よりも、参加者が SST の場面を離れた後でも、習得したスキルが実践されるように促して、スキルの「⑦般化」を実現させる。SST 終了後、再び「⑧アセスメント」を行い、SST によって参加者の該当領域のスキルが改善されたかどうかを客観的に評価する。

　この SST をワンにあてはめて考えた場合、彼が「日本人の言外の意味に対する理解能力が不十分」だというアセスメントの結果が出るであろう。これをふまえて、彼に対して、「言外の意味」を理解する重要性を教え（教示）、日本人のこの類の表現と反応に関する映像を見せた（モデリング）上で、本人に映像にある反応を真似（リハーサル）させ、その善し悪しをフィードバックする。ワンは実際の日本人とのコミュニケーションに、SST で習ったこれらのスキルを利用すれば、タカシに対する不信感を払拭できるだけではなく、さまざまな場面での日本人とのコミュニケーションをもっと円滑にできるであろう。　　　　　　（毛　新華）

Episode 20

相手の気持ちを察するなんて……

＊ keywords ＊会話の公理　量の公理　質の公理　関係の公理　様式の公理

　タカシは、友だちからよく「天然だよね」と言われます。自分ではどこが「天然」なのかわからないのですが、時々、まわりから「KYだね～」と笑われたり、一緒にいる仲間から「空気読めよ」と不快な顔をされたりすることがあるのです。

　そんなタカシにも狙っている女の子がいます。同じサークルのユキです。最近、車の免許を取ったので、父親の車を借りて、ユキをドライブに誘いました。11月のそろそろ肌寒い時期でしたが、ちょっとかっこいいかなと海岸沿いをドライブ・コースに選びました。夕焼けの海岸沿いをドライブしていると、海を見ながらユキが「綺麗」と呟きます。タカシは「よし！」と心のなかで叫び、もう一押しと、窓を全開にして肘を掛け「風が気持ちいいよね」と彼女の方をちらっと見ました。ユキは肩をすぼめながら「寒い、寒い、寒い！」と小声で言います。「寒いけど、潮風が気持ちいいよね」と、タカシは髪をかき上げました。それを見て、ユキは不機嫌そうに「ちょっと寒いから、窓閉めて」と強い口調で言いました。

　別の日、タカシは、同じサークルのサトシ先輩と話をしているユキを見かけました。ユキが先輩にお辞儀をした後、沈んだ表情でこちらの方に歩いてきます。タカシは、気になって「どうしたの？　サトシ先輩と何喋っていたの？」とユキに声をかけました。ユキはやわらかく笑顔を作って「ランチでも食べに行こっか」とタカシに答えます。でも、タカシは何があったのかどうしても知りたくて「何？　何があったの？　ね、ね」とユキに何度もたずねました。それ以降、タカシが何か話しかけても、ユキはつれない態度しかとらなくなってしまいました。

■■■■解説：タカシはどうしてユキからつれない態度をとられるようになってしまったのだろうか。それは、タカシがユキとの会話のなかで、言葉の背後にある彼女の意図や気持ちをくみ取れなかったからであろう。では、このような言葉そのものには表れてこない相手の意図や気持ちをわたしたちはどのよう

にして推測するのであろうか。

　その１つの手がかりとして、**会話の公理**（Grice, 1975）がある。会話の公理とは、会話場面でのルールのようなもので、表に示したように「**量**」、「**質**」、「**関係**」、「**様式**」の４つの公理がある。これら４つの公理は、相手との会話で、その言葉を額面通りに受け取ることができるための条件と言える。つまり、もし相手がこれらの公理に違反する発言をした場合、その発言には、直接言葉には表現されない、隠された意図や気持ちが潜んでいる可能性が高いことになる。

　ドライブ中にタカシが窓を開けた時に、ユキは「寒い、寒い、寒い！」と同じ言葉を何度もくり返した。これは、必要とされている以上の多くの情報は提供しないという量の公理に違反したことになる。つまり、ユキは「寒い」ということをタカシに伝えたかったわけではなく、その言葉の背後に「窓を閉めてほしい」という依頼の意図があったと考えられる。この場合、タカシは「ごめん」と言って、窓を閉めればよかったのである。また、沈んだ表情のユキにタカシが「サトシ先輩と何喋っていたの？」と聞いた時、ユキは「ランチでも食べに行こっか」と答えている。この場合、問いに対して的外れな返答をしていることから、関係の公理に違反したことになる。つまり、ユキは、サトシ先輩とのことには触れないで、とタカシに暗に伝えたかったのだろう。

　このように、会話にはいくつかの暗黙のルールが存在しており、わたしたちは相手の意図や気持ちを推測しながら、このルールに従ってコミュニケーションをとっているのである。

（金政　祐司）

表 20-1　４つの会話の公理とその説明（Grice, 1975 より作成）

会話の公理	説明
量の公理	・必要とされている情報はきちんと提供する ・必要とされている以上の多くの情報は提供しない
質の公理	・真実でないことは相手に伝えない ・十分な証拠や根拠がないことは相手に言わない
関係の公理	・的外れなことや文脈から外れたことは言わない
様式の公理	・不明確な表現やあいまいな言い方は避ける ・簡潔に、よく整理してから相手に話す

くたびれさせるコミュニケーション、悪化するコミュニケーション

＊ keywords ＊ 自己制御　心理的余裕

　大学生のユウイチは、指導教員から急に、卒業研究の進み具合について説明に来るよう求められました。ユウイチは困りました。元々、指導教員とそりの合わなかったユウイチは指導教員の専門分野とはまったく違ったテーマについて研究をしていたからです。しかし、指導教員に研究を認めてもらえなければ最終的に卒業できません。ユウイチにはゼミの後輩にあたる恋人があり、ユウイチが卒業して職に就いたらば一緒に暮らそうと話していたところでした。なんとしても指導教員に卒業研究を認めてもらいたいユウイチは、一生懸命自分の研究について指導教員に説明しました。専門外の指導教員に理解してもらうため、相手が何をわかっていて何をわかっていないのかをよく考えて話すようにしました。また、指導教員の的外れな質問に対して感情的に反応しそうになってもぐっと我慢し冷静に相手の話していることを聞くようにしました。なかなか骨の折れる作業でしたが、何とかやり遂げ、ユウイチの研究は指導教員にも理解してもらえたようでした。

　その晩、これからの生活のことについて恋人と話しているうちに、ユウイチは激高してしまいました。新しく住むことになる家のエアコンはすべて新品がいいと言った彼女の何気ない一言に、ユウイチはこれまでにない腹立たしさを感じ、大声でどなってしまったのです。普段、冷静であまり感情的にならないユウイチにしては珍しいことでした。結局、それが原因で彼女とは別れてしまいました。

■■■**解説**：自身にとって望ましい状態を達成するため、人は誘惑に負けないよう時に根気強く自分の行動を管理し導こうとする。たとえば、かしこくなりたいと思う人は、難しい問題を出されても、簡単にあきらめたりほかのことに関心を向けたりせず、答えを考え続けようとする。このような心理プロセスは広く**自己制御**といわれる。近年の研究から、この自己制御には**心理的余裕**が必要であり、それが不足しているとうまく制御できなくなることがわかってい

る。たとえば、部屋中にチョコレートの甘い香りを充満させたなかで行われた実験がある（Baumeister et al., 1998）。この状況で目の前にあるチョコレートを食べてはいけないと説明された参加者は、実験者の手前、その誘惑に負けることなく我慢することができた。しかし、その後、別のものと称して行われた実験のなかで、解けそうにない難問を出されると、簡単にあきらめてしまった。チョコレートの誘惑に打ち勝つことで、その後の自己制御のための余裕が失われ、根気強く課題に取り組むことができなかったのである。

　このような自己制御するための余裕は、他者とのコミュニケーションによっても失われることがある。相手に伝わりづらい内容を伝えなければならないコミュニケーションを行うと、そこでの自己制御により、後の自己制御への余裕が残りにくくなる（Finkel et al., 2006）。専門外の指導教員を相手に苦労して自分の研究内容を説明せざるをえなかったユウイチも、まさにこの状態にあったといえる。このような状態のなか、ユウイチは恋人のちょっとした発言に激高し、相手をひどく傷つける反応をとってしまった。これは先の指導教員を相手とする説明によって、ユウイチに自己制御するための余裕が失われていたためだといえる。他者と意見が食い違ったり対立したりした場合、相手を傷つけたり関係を脅かしたりせずに建設的に行動するためには、ある程度の自己制御が求められる（Finkel & Campbell, 2001）。かっとなって大声を出したい誘惑に駆られても、それが関係を続けるという望ましい状態を妨げる場合には、誘惑に負けずにふるまうことが求められるのである。ユウイチの場合、事前の指導教員とのやりとりによって、恋人とのコミュニケーションで自己制御するための余裕を使い果たしていたため、衝動的に相手を傷つけるような行動をとってしまったといえる。

　このように、他者とのコミュニケーションは自己制御する余裕を必要としたり、逆に失わせたりするものである。良好なコミュニケーションがとれない背景には自己制御の余裕の問題が潜んでいる可能性があるといえる。

（相馬　敏彦）

Episode 22

意見を変えるキーポイント

＊keywords＊説得的コミュニケーション　精緻化見込みモデル　中心ルート　周辺ルート　送り手の信憑性　周辺的手がかり　態度変化　スリーパー効果

　マユミとカオリが通う大学では、キャンパス内で相次いでいる盗難の対策として、防犯カメラの設置が検討されています。これには賛成・反対両方の意見があり、集会を開いて賛成派と反対派それぞれの主張を聞き、投票で防犯カメラ設置の最終決定をすることになりました。犯罪心理学に興味があるマユミとカオリは、友人のトモコを誘い、3人で一緒に集会に参加することにしました。

　集会では、賛成派からは防犯の専門家が登壇し、防犯カメラが犯罪抑止力をもつことを示す研究データを根拠にあげて、論理的にカメラ設置の必要性を主張しました。一方、反対派からは学生の代表者が登壇し、プライバシー保護や設置費用の負担など、多くの理由をあげてカメラ設置には反対であると主張しました。

　集会の後、マユミたちはカメラ設置に関してどう思うか話し合いました。マユミは、賛成派の意見が論理的で説得力があったと感じたようで、設置には賛成のようです。トモコは「正直あんまり関心ないんだけど、学生よりも専門家の言うことの方が信頼できるかな」と、賛成のようです。一方でカオリは反対のようで、「正直、ほかに考えごとしていてちゃんと聞いてなかったんだけど、反対派の人は理由をいくつもあげていたし」と、その理由を説明しました。

　集会から2週間後、防犯カメラ設置の是非を問う投票が行われました。集会後の意見通り、マユミは賛成票を、カオリは反対票を投じました。しかし、トモコは、賛成と反対のどちらが専門家の言うことだったか記憶があやふやになってしまい、結局反対票を投じました。

■■■■解説：他者の考えや態度を変化させることを意図してメッセージを送り、コミュニケーションをとることを**説得的コミュニケーション**という。集会での登壇者の行為はまさに説得的コミュニケーションであり、マユミとトモコは賛成派の説得を、カオリは反対派の説得を受け入れたことになる。ただし、

マユミとトモコとでは賛成派の説得を受け入れた理由は異なっている。さらに、トモコは結局反対票を投じている。これらのことが生じた原因を理解するには、ペティとカシオッポ（Petty & Cacioppo, 1986）が提唱した**精緻化見込みモデル**が役立つ。

精緻化見込みモデルは、受け手がどの程度説得メッセージについて考えるかに注目して、説得を受け入れるかどうかを説明しようと

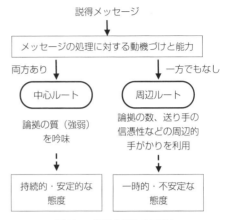

図 22-1　**精緻化見込みモデル**
（Petty & Cacioppo, 1986 より作成）

するモデルである（図 22-1）。このモデルは、受け手がメッセージの内容を十分に吟味して説得を受け入れるかどうかを決定する**中心ルート**と、よく考えずに決定する**周辺ルート**があるとしている。中心ルートでは、論拠がどれだけしっかりしているか（論拠の質）といったメッセージの本質的な内容が、説得を受け入れるかどうかに影響する。周辺ルートでは、論拠の数やメッセージの**送り手の信憑性**（専門的であるかどうか、信頼できるかどうか）など、メッセージの内容以外の要素である**周辺的手がかり**が説得の受け入れに影響する。

説得を受けた時にどちらのルートをたどるかは、メッセージの内容を理解しようとする動機づけと情報を処理する能力によって規定される。動機づけと能力の両方がある場合には中心ルートをたどりやすく、どちらか一方でも欠けている場合には周辺ルートをたどりやすい（図 22-1）。たとえば、関心のあることがらについてはよく考えて決めようとする可能性が高いので、中心ルートをたどりやすくなる。しかし、関心のあることがらであったとしても、集中していないような時には、他者から言われたことをしっかり考えることが難しくなるため、周辺ルートをたどりやすくなる。

ここで、精緻化見込みモデルに従って、集会後、3 人がどのようなプロセス

を経てカメラ設置に対する賛否を決めたのか考えてみたい。マユミは犯罪心理学に興味があることから、防犯カメラ設置の賛否を中心ルートで決定すると予測される。賛成派の登壇者は防犯カメラが犯罪抑止力をもつことを、データを根拠として示しながらカメラ設置の必要性を主張しており、強い論拠をメッセージのなかに含めていた。これらのことから、マユミは中心ルートをたどって賛成派の主張を受け入れたと考えられる。一方で、賛成派の登壇者が専門家であったことは、マユミの決定に大きな影響を与えていなかっただろう。

　カオリもマユミと同じく犯罪心理学に興味があるため、中心ルートで賛否を決定することが予測される。しかし、カオリは集会中に別の考えごとをしており、メッセージの内容を処理するために必要な能力が集会中にはなかったと考えられる。したがって、カオリは周辺ルートをたどることになり、理由が多いこと、すなわち論拠の数という周辺的手がかりを用いて反対することに決めたと解釈できる。

　トモコは、防犯カメラ設置問題に関心がないため、設置の賛否を周辺ルートによって決定する可能性が高い。トモコは「学生よりも専門家の言うことの方が信頼できる」と述べていることから、トモコが集会直後に賛成だったのは、メッセージの送り手の信憑性という周辺的手がかりを用いて賛否を決めたためといえるだろう。もし賛成派の登壇者が専門家ではなく、反対派と同じように学生であったとしたら、トモコは賛成していなかったかもしれない。

　精緻化見込みモデルでは、中心ルートを経て変化した考えや態度は、比較的持続し、態度と行動が一貫する可能性も高いと考えられている。逆に周辺ルートを経て変化した考えや態度は、一時的で再度変化しやすく、行動につながりづらい。集会直後にはカメラ設置に賛成していたトモコが、2週間後の投票で反対票を投じたのは、集会直後の**態度変化**が周辺ルートによる一時的なものであったからだと考えられる。ホヴランドとワイス（Hovland & Weiss, 1951）の実験では、いくつかの話題に関する説得メッセージを参加者に読ませ、参加者が説得されるかどうかが調べられた。その際、半数の参加者にはメッセージは専門家が書いたものであると説明し（専門性高条件）、残り半数の参加者には専門

家ではない記者が書
いたものであると説
明した（専門性低条
件）。そして、メッ
セージの主張内容に
賛成するかどうかを、
メッセージを読んだ
直後に加え、約1ヵ
月後にもたずねた。
結果は図22-2の通

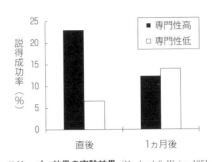

図 22-2　スリーパー効果の実験結果（Hovland & Weiss, 1951 より作成）
注）説得成功率は説得メッセージに賛成した参加者の割合から反対した参加
者の割合を減じた値を表す。

りで、直後では専門性高条件の方が専門性低条件よりも説得を受け入れやすか
ったのだが、1ヵ月後には専門性の影響が消失してしまうことを示すものであ
った。この現象は**スリーパー効果**と呼ばれ、メッセージを受け取ってから時間
が経過すると、その送り手が誰であったかを忘れてしまうために生じると考え
られている。専門性を手がかりにして集会直後に賛成していたトモコが2週間
後の投票で反対票を投じたのは、スリーパー効果が働き、専門性の影響が消失
してしまったからだといえるだろう。

（埴田　健司）

Episode
23

なんだか断りづらい……

＊keywords＊依頼と応諾　一貫性　フット・イン・ザ・ドア・テクニック
返報性　ドア・イン・ザ・フェイス・テクニック

　アキラ、セイイチ、ヒロキはある大学の心理学科に通っていて、同じ授業を履修することも多い3人組です。アキラはどの授業にも毎週出席し、きちんとノートをとるしっかりものですが、セイイチとヒロキは授業に出てもうたた寝をするなど、あまりまじめに授業を受けていません。そのため、期末試験の時にはノートをコピーさせてもらうなど、アキラに頼りっきりになってしまいます。

　さて、今学期も期末試験の時期になりました。アキラは、今学期はノートを貸してほしいとお願いされてもできるだけ断ろうと考えています。そこにまずセイイチがやってきました。社会心理学のノートを貸してほしいとのこと。アキラは「1つだけならまぁいいか」と思い、了承しました。翌日、またセイイチがやってきて、「教育心理学のノートも貸してくれない？」と言ってきました。前日に社会心理学のノートを貸すことを了承していたアキラは、なんだか断りづらい気持ちになり、結局、教育心理学のノートも貸すことにしました。

　次はヒロキがアキラのところにやってきました。ヒロキは、社会心理学と教育心理学、発達心理学のノートを借りたいと言ってきました。アキラは今度こそはっきり断ろうと思い、「自分の試験勉強もあるし、貸せないよ」とヒロキに言いました。するとヒロキは、「社会心理学と教育心理学だけでいいから」と、アキラにもう一度お願いしてきました。どうしようか迷っていると、ヒロキは「じゃあ社会心理学だけでもお願い」と言ってきました。アキラは仕方ないなと思い、社会心理学のノートをヒロキに貸すことにしました。

■■■解説：アキラは授業ノートを貸すことを断ろうと考えていたにもかかわらず、ノートを貸してほしいというセイイチとヒロキからのお願いに結局応じてしまった。なぜアキラは2人からのお願いに応じ、ノートを貸したのだろうか。他者に何かお願いすることを**依頼**というが、ここでは段階を踏むことで

依頼に対する**応諾**率が異なることを示した実験を紹介しながら、セイイチとヒロキが用いた依頼のテクニックを紐解いていこう。

　フリードマンとフレイザー(Freedman & Fraser, 1966) は、一軒家を訪問し、「安全運転を促す看板を庭に設置させてほしい（大きな依頼）」と依頼する実験を行った。看板は大きなもので、家の外観が損なわれてしまうほどであった。当然ながら、多くの人はこの依頼を断り、応諾率はたった17%であった。しかし、依頼の方法を変えると応諾率は飛躍的に高くなった。その方法は、看板設置の依頼をする2週間前に一度家を訪問し、「安全運転のシールをどこかに貼ってほしい（小さな依頼）」と依頼しておくというものであった。この小さな依頼にはほぼ全員が応諾した。そして2週間後、再度その家を訪問し、看板設置、すなわち大きな依頼を行ったところ、応諾率は76%にもなったのである。

　この実験結果は、先に小さな依頼を引き受けてもらった後で大きな依頼をすると、直接大きな依頼を行った場合に比べ、応諾率が高まることを示している。一般に、人には矛盾を避け、一貫した人物であろうとする傾向がある。フリードマンとフレイザーの実験でも、この**一貫性**を求める傾向が作用したことで、大きな依頼の応諾率が高まったと考えられる。シールの依頼も看板設置の依頼も安全運転に関するものであった。先にシールの依頼を引き受けた後で看板設置の依頼をされた場合、後者の依頼を断ってしまうと、「安全運転に協力している良い人間」という自己像が崩れてしまう。逆に、看板設置の依頼も引き受ければ、一貫した自己像を保てることになる。こうして一貫性への圧力が働いたことが、看板設置という大きな依頼に対する応諾率を高めたと考えられる。

　このように先に小さな依頼を行い応諾してもらった後で、大きな依頼への応諾を引き出そうとする依頼のテクニックは、**フット・イン・ザ・ドア・テクニック**（**段階的要請法**）と呼ばれている。セイイチがアキラから2つの授業ノートを借りることに成功したのも、このテクニックによるものといえる。セイイチは最初に1つだけ借りたいと、比較的受け入れてもらえそうな依頼（小さな依頼）を行い、翌日にもう1つ借りたいと依頼（大きな依頼）を行っている。アキラは一度ノートを貸すことに応じた手前、その延長線上にある翌日の依頼を断りづ

らくなったのだろう。アキラはノートを貸したくないと考えていたわけだから、それを実行するためには最初の依頼に「まぁいいか」と思わず、断るべきだったのである。

　一方で、3つの授業ノートを借りたいというヒロキからの依頼に対して、アキラは断ったにもかかわらず、ヒロキの段階的な依頼によって、最終的には1つのノートを貸すことに応じてしまっている。段階を踏んでいるという点では、ヒロキの依頼の仕方はセイイチと同じであるが、小さな依頼から大きな依頼へと移行したセイイチに対して、ヒロキは逆に大きな依頼から小さな依頼に順次変更している。アキラはなぜヒロキの依頼を断り切れなかったのだろうか。

　チャルディーニら（Cialdini et al., 1975）が実施した実験は、大きな依頼から小さな依頼に切り替えることで応諾率が高まることを示している。彼らは大学内をひとりで歩いている学生を呼び止め、ボランティアへの協力を依頼した。この実験には依頼の仕方が異なる3つの条件があり、1つ目の「小さな依頼のみ条件」では、「2時間ほど、非行少年のグループを動物園に連れていくボランティアに協力してほしい（小さな依頼）」と依頼した。2つ目の「拒否したら譲歩条件」では、「2年間、毎週2時間ほど非行少年の相談にのるボランティアに協力してほしい（大きな依頼）」と依頼し、断られた後で上記の2時間の協力を求める小さな依頼を行った。3つ目の「両方提示条件」では、大きな依頼と小さな依頼を同時に示し、どちらかに協力してほしいと依頼した。「拒否したら譲歩条件」や「両方提示条件」で大きな依頼を応諾した学生はいなかったのだが、ここで注目したいのは小さな依頼に対する応諾率である。2時間のボランティア協力という小さな依頼に対して、「小さな依頼のみ条件」では17％、「両方提示条件」では25％の応諾率でしかなかった。しかし、「拒否したら譲歩条件」では50％もの応諾率が得られたのである。

　一般に、わたしたちは他者に何かしてもらったらお返ししなければならないと思う。このギブ・アンド・テイクの関係を**返報性**（p.39 参照）という。返報性は他者との関係を保つための暗黙の約束事（規範）となっており、チャルディーニらの実験における「拒否したら譲歩条件」でも、この返報性が働いたと

考えられる。「拒否したら譲歩条件」では、大きな依頼が断られた後に小さな依頼を行うことで、依頼した側が譲歩して小さな依頼に切り替えたと思わせることができる。すると、依頼された側は、「相手が譲歩したのだから自分も譲歩しなくては」と思いやすくなる。しかし、「両方提示条件」では2つの依頼を同時に行っているため、依頼した側が譲歩したとは思われにくい。こうしたことから、「拒否したら譲歩条件」でのみ小さな依頼に対する応諾率が高くなったと考えられるのである。

このように、大きな依頼が断られた後で小さな依頼を行って応諾を引き出そうとするテクニックは、**ドア・イン・ザ・フェイス・テクニック**（譲歩戦術）と呼ばれる。また、実験条件名のまま、拒否したら譲歩法とも呼ばれる。ヒロキがこのテクニックを用いていることは言うまでもないだろう。ヒロキが要求の水準を段階的に下げていくうちに、アキラは「ヒロキも譲っているのだから自分も譲らなくては」と、返報性のルールが働くことによって、最終的にノートを貸すことに応じたのであろう。

これまで見てきたことから、一貫性と返報性は他者に影響を与える“武器”になりえるともいえる。チャルディーニ（Cialdini, 2009）は『影響力の武器』という著書で、他にも社会的証明、権威、好意、希少性が“武器”になることを述べている。ぜひ一読されたい。

（埴田　健司）

「モテる」を研究しようと思ったのに、なんか違う

＊ keywords ＊ 対人魅力の研究法　類似性　実験法　調査法　スピードデーティング

　　大学生のジュンは大学に入ってからあまり熱心に勉強したことがありません。大学に入るまでは優等生だったのに、今では途中で授業をぬけて教員に叱られるほどです。そんなジュンもなぜか心理学の授業には関心がもてました。4年生で取り組まなくてはならない卒業研究のテーマには「対人魅力」を選びました。合コンで「どうすればモテるか」を知りたいと思ったからです。最初は完全な下心からいきついたテーマでしたが、最近は少子化対策としていろいろなところで婚活が行われていることを知り、けっこう、社会的に意義のあるテーマのように思えました。ところが、関連する研究について調べれば調べるほど興味がわかなくなってきました。そこで調べられていることは、異性の写真を見せられた場合の反応だったり、「これから会うかもしれない」と言われただけの想定人物に関する情報を与えられた後の反応だったりしたからです。人と人とが実際に出会い、結びつく状況の研究をしたいと考えていたジュンにとって、架空の場面で「モテる」ことを調べてもあまり意味がないように思えました。あきらめかけていた頃ゼミの大学院生からある論文を紹介してもらい「これだ」と思いました。そこにはスピードデーティングという研究手法が説明されていました。

■■■■**解説**：心理学では他者が他者をひきつけ合うプロセスを**対人魅力**（p.27参照）という。対人魅力の源泉として、関わる機会の多さ、お互いの**類似性**、一緒にいるなかでお互いに相手にないものを補い合えることなど、さまざまな要因がこれまで明らかになっている（p.27参照）。こういった研究を進める上では、しばしば実験室での架空の人物に対する反応が測定される。たとえば、類似性のはたらきを確認するため、実験参加者に性格が似ている架空人物と似ていない架空人物を提示し、それぞれに対する魅力がどう違うのかを調べるといった方法である。**実験法**と呼ばれるこのやり方は、類似性という条件以外の別の要

因が働きにくい状況を実験的に作り出し、より確実な結論を導こうとするものである。だがジュンが感じたように現実離れしていることもたしかである。そこで、実際につきあっているカップルにつきあい始めた頃のことを思い出して質問紙などに回答してもらい、当初の類似性によってその後の魅力が高まったのかを確かめるやり方もある。**調査法**と呼ばれるこのやり方ではより現実に近づいて対人魅力に関連する要因のはたらきを明らかにすることができるが、そもそも思い出してもらう時点で回答者による思い過ごしや勘違い、記憶の美化が生じる危険性をもつ。

　これらの問題点を解決するためにうまれた**対人魅力の研究法**が、**スピードデーティング**である。実際に対人魅力の生じるプロセスを研究者がつぶさにじっくり観察するための手法である。「恋人と出会える実験」への参加呼びかけに応募した参加者は、男女1人ずつ組になり3分程度で話す時間を与えられる。参加者はみな参加している異性全員と話すチャンスを与えられる。たとえば、男女10名ずつが参加する場合、各参加者は3分間の会話を10回くり返すことになる。それぞれの会話が終わるたびに、参加者は個人的にその相手と連絡をとりたいかをメモしておく。そして最終的に双方が選択しあっていたペアについては、実験者から双方に連絡先が渡される。参加者は話した相手すべてと連絡をとりたいと答えることもでき、上の例では、参加者1人につき最大で10回ペアを作る機会があることになる。

　研究者はこの手法によってどのような人が選ばれやすく、またどんな人が選り好みしやすいのかという対人魅力の問題をより現実的に、そして確実にとらえることができる。たとえば、アセンドルフら（Asendorpf et al., 2011）の研究では男女ともに外見的に魅力が高い人が選ばれやすい一方、魅力の高い男性ほど相手を選り好みしやすいこと、さらに男性では学歴や収入が高く性的に奔放かつシャイでないほど、相手から選ばれやすいことが明らかとなっている。

（相馬　敏彦）

恋人とのあらたな出会いの形とは？

＊keywords＊マッチングアプリ　婚活イベント　スピードデーティング　対人魅力

　　大学3年生のミクは、所属する学部の友人やゼミの仲間と、休日に遊びに行ったり、よくご飯を食べに行ったりします。ただ、男女問わずグループで出かけるものの、恋人になりそうな相手と出会う機会はほとんどありません。「そろそろ誰かいい人がいないかな？」と、友人が紹介してくれた相手と数人で遊びに行ったこともありますが、その場は盛り上がってSNSのアドレス交換をするものの、その後連絡を取るわけでもなく、デートするまでに至ったことは一度もありません。

　　同じ頃、親しい友人の1人であるアヤがマッチングアプリで恋人を探しているのを見かけました。アヤは外向的な性格で、SNSと同じように気軽にアプリを使っていました。アヤは少しでも気が合いそうだと感じた相手にはメッセージを送っていて、とても楽しそうにしています。一方、ミクは内向的な性格のためか、こうしたアプリは自分には向いていないと感じていました。アプリでメッセージを送りあっていてもデートをするまでの関係に発展しないアヤの様子が気になったものの、話を聞くうちにしだいに興味をもち始め、ミクはアヤの使っていたアプリに思い切って登録してみました。

　　アプリを使い始めてみると、ミクはあっという間に夢中になり、今ではアプリを使わない日はありません。毎日誰かから「いいね！」が届き、そのなかから慎重に選んだ相手とは、メッセージの交換もしています。ただ、メッセージの交換はできても、なかなか実際に会うまでには至っていません。でも、相手のことがもう少しわかってきたら、実際に会ってみようかなと考え始めています。

■■■■■**解説**：かつて日本では、第三者に結婚相手を紹介してもらうお見合い結婚が主流だった。しかし、お見合い結婚は徐々に衰退し、2010-14年には、初婚同士の全婚姻数のうち、87.7％が恋愛結婚となっている（国立社会保障・人口問題研究所, 2015）。こうした恋愛結婚の台頭により、誰かに恋人や結婚相手を

紹介してもらうのを待つだけではなく、みずから積極的に見つける必要性が、より一層高まっている。これに伴い、ミクやアヤのように**マッチングアプリ**で恋人や結婚相手を探す人が増え、民間企業や地方自治体が結婚支援の一環として「**婚活イベント**」を提供するなど、パートナーとの出会いの場が多様化してきている。

　こうした婚活イベントのようなあらたな出会いの場を学術的に研究する手法として、**スピードデーティング**（p.69 参照）という研究法が注目されている。スピードデーティングを用いた**対人魅力**の研究では、婚活イベントでどのような人が選ばれやすいのかが示されている。たとえば、ドイツ人の成人男女を対象にした実験（Asendorpf et al., 2011）では、外見が魅力的な男女ほど、相手から選ばれやすかった。さらに男性に関しては、高身長、高学歴、高収入、性的に奔放な人ほど、女性から選ばれやすいことが示された。またアメリカ人大学生を対象にした実験（Luo & Zhang, 2009）では、外見的魅力度の高い男女に加え、まじめで外向的、気づかいができる女性ほど、魅力的であると評価された一方で、男性の性格と魅力評価とのあいだには関連が見られなかった。

　ただし、スピードデーティングでお互いに選択しあったペアのうち、その後1ヵ月半以内にメールなどで連絡を取ったペアは59.9％、対面で会ったのは38.6％、交際を始めたのは5.2％にとどまっている（Asendorpf et al., 2011）。さらに、相手から選ばれやすい参加者の特性が人種によって異なることを示した研究もある（Wu et al., 2019）。このため、日本で実施したスピードデーティング研究によって、相手から選ばれやすい日本人の特性を明らかにするとともに、マッチングしたペアの交際を促進するためのしくみ作りが求められている。

（鬼頭　美江）

この本をもっと活用するための手引き
エピソードの講義

　本書には、68のエピソードがあり、それぞれ受講生の皆さんにもイメージしやすく構成しています。しかしながら、アクティブ・ラーニングとして活用する場合、使いやすさには違いがあります。また、いきなりエピソードの作成を受講生に求めるのも、何をしていいのかわからないということに陥るでしょう。そこで、エピソードを作る課題に適した内容をいくつか紹介します。

* 5.　"まじめな彼"はほんとにまじめ？：特性推論や基本的帰属のエラーなどの理論を説明すると、比較的身近に類似例があることへの気づきを促すことができます。
* 9.　恋に落ちる理由はさまざま：恋愛関係は受講生も興味をもちやすいエピソードです。そのなかでも、対人魅力の規定因の4つの説明があり、具体的なエピソードにつなぎやすいでしょう。
* 23.　なんだか断りづらい……：説得技法は、実体験をもって理解しやすく、また他の例（商品販売場面など）に置き換えて考えやすいテーマです。
* 50.　ノートを貸す？貸さない？：ノートの貸し借りは、受講生が日常的に経験しやすい話題で、そこから心理学の理論につなげやすいテーマです。
* 57.　グループ活動がすすまない⁉：アクティブ・ラーニングでも集団活動は多く取り入れられ、受講生が今取り組んでいる活動に潜む心理過程の理解として適切でしょう。
* 58.　本当の出社時間って、いつ？：学内の複数の部活の特徴の違いなど、身近なさまざまな集団をイメージすることで具体的に考えやすくなります。

（西村　太志）

第3章

深い関係になる：
親密な関係の維持と発展

　誰かと出会い、関係を深めるプロセスには、多くの人、多くの関係に共通したところがある。誰しも同じような段階を経て関係を親密なものに展開させたり、逆に終結させたりするのである。一方、人や関係により、深まり方に違いがみられることもある。愛の形の違い、関係に求めるものの違い、満足する基準の違い、続けようとする気持ちの違い、男女の戦略の違いなど、一口に「深まる」といってもそれは多様な特徴をもつのである。第3章では、関係の維持と発展にどのような共通性と多様性がみられるのかを説明しよう。

好きは好きだけど、そういう好きじゃない……

＊ keywords ＊好意と愛情の違い

　ユウイチは告白をする決意を固めました。相手は半年以上も前から気になっているヒロミです。ヒロミとは同じサークルで、よく一緒にご飯を食べに行ったり、2人で遊びに出かけたりもします。ヒロミは自分といる時は楽しそうにしているので、ユウイチはヒロミが自分のことを好きなのは間違いないと思っていました。ただ、2人でいる時に、これまでなぜかいい感じの雰囲気になったことはありませんでした。

　ユウイチは、いつもと同じようにヒロミを食事に誘いました。普段は行かないような、ちょっと高級なイタリアンレストランを予約して。ヒロミを連れて、レストランに着くと「え、何？　どうしたの？　今日、私あまりお金ないよ」とヒロミが言います。「大丈夫、今日は、俺がおごるからさ」とユウイチは見栄を張ってみせました。

　ユウイチは、何を食べたかほとんど記憶にありません。いつ、どうやって告白しようか、それだけを考えていたからです。ユウイチは、意を決し「ヒロミ」と声を絞り出しました。「好きなんだ。俺とつきあってくれないか」、ヒロミの目を見据えて思いを告げます。ヒロミは「え？」と小さく声を出し、その後、しばらくうつむいていました。ヒロミはおもむろに顔を上げ「ユウイチのこと、好きは好きだけど……、そういう好きじゃないの。友だちとしては好きなんだけど、恋人としては見られないの」と言います。ユウイチは混乱しました。彼には、友だちとしての好きと恋人としての好きのあいだにそれほど大きな違いがあるとは思えません。「どちらにしても、好きは好きじゃないのか？」ユウイチは、納得ができないまま、途方に暮れるしかありませんでした。

■■■解説：ユウイチには、ヒロミの言う友だちとしての「好き」と恋人としての「好き」の違いが理解できなかった。それでは心理学的にみた場合、ヒロミが言うように、友人関係での「好き」と恋愛関係での「好き」は異なるのであろうか。

そのような「好き」の質的な違いについて先駆的な研究を行ったのがルビン（Rubin, 1970）である。彼は、恋愛関係に特有の気持ちや感情を「**愛情（love）**」と定義し、友人関係における「**好意（liking）**」とは内容的に異なるものであるとの見解を示した。恋愛関係に特有の愛情とは、①相手と情緒的・物理的に強くつながっていたいという気持ち、②相手の幸せのために援助を惜しまないという気持ち、③相手と２人きりの排他的な状態を望む気持ちが合わさった経験としてとらえられる。それに対して、好意とは、①相手のことを好ましい人物だと高く評価する気持ち、②相手を尊敬したり信頼したりする気持ち、③相手のことを自分とよく似ていると思う気持ちであるとされる。つまり、ヒロミとしてはユウイチに対して、友人関係における好意をもつことはできても、恋愛関係で経験するような愛情を抱くことはできないということを伝えたかったのである。

　さらに、ルビンは、上記のように愛情と好意とを概念的に区別するだけでなく、それらを数値として測定するために、愛情尺度（love scale）ならびに好意尺度（liking scale）を作成した。彼が大学生を対象とし、両尺度を用いて回答者の恋人や同性友人に対する愛情ならびに好意を測定した結果が表 26-1 である。それらの得点からもわかるように、恋人に対しては愛情と好意の両方の得点が高いが、友人に対しては好意の得点は高いものの、愛情の得点は低い。これは、回答者が愛情と好意とを区別してとらえていることを意味している。つまり、ヒロミが言うように、わたしたちは、一般に友人関係での「好き」と恋愛関係での「好き」とを異なった感情として経験しているのである。おそらく、ユウイチもそのことをなんとなくは理解していたであろう。しかし、普通自分の好きな相手（表 26-1 では恋人）に対しては好意と愛情がともに高くなるため、ユウイチもそれらを混同し、うまく区別してとらえることができなかったと考えられる。　　　　　（金政　祐司）

表 26-1　恋人と同性友人に対する愛情尺度と好意尺度の得点（Rubin, 1970 より作成）

	恋人		同性友人	
	男性	女性	男性	女性
愛情尺度	89.4	89.5	55.1	65.3
好意尺度	84.7	88.5	79.1	80.5

Episode 27

恋は十人十色？

＊keywords ＊恋愛の類型論　恋愛の色彩理論　ラブスタイル　愛の三角理論

　タカシは、不思議に思うことがあります。それは親友のタカヒロのことです。タカヒロとは大学１年生の時に知りあいました。彼とは音楽や服装の趣味も合うし、お気に入りの映画だって被っています。だけど、最近、タカシはタカヒロに対して納得がいっていません。なぜなら、今、タカヒロは３人の女の子と同時につきあっているからです。いわゆる３股というやつで、タカヒロはそれを自慢げに話してきます。タカシにも彼女はいますが、今の彼女と同時に誰か他の人とつきあおうと思ったことはありません。なぜなら、彼女に申し訳ない気がするし、そもそも自分が一度に何人もの女の子と器用につきあえるとは思えないからです。罪悪感で押しつぶされるはず、そうタカシは思っています。たしかに、タカヒロのことをちょっとうらやましいなと思ったりもします。しかし、何も知らない女の子たちの気持ちを考えると、タカヒロがやっていることはやっぱりひどいと思うし、タカヒロがなぜそのことに何も感じないのかが、タカシにはよく理解できません。

　タカシは、自分の彼女とのことを思い出しました。彼女とは高校の１年生の頃につきあい始めたから、もうかれこれ６年にもなります。つきあい始めた当初のドキドキ感なんてもうどこかに置き忘れてしまった、そうタカシは思いました。だけども、今のタカシにとっては、ドキドキ感や興奮よりも彼女と一緒に過ごす、ゆったりとした時間の方が心地よいのです。彼女もおそらくそう感じているはず。そう考えると、彼女以外の相手など想像もつかない自分にタカシは気づきました。

■■■**解説**：タカシとタカヒロは、恋愛に対して求めるものや恋愛への考え方がどうしてこんなにも違うのだろうか。タカシはおだやかな恋を望み、タカヒロはドキドキ感や興奮を恋愛に求めているようにみえる。このように恋愛に求めるものや恋愛に対する態度が個々人によって異なることに着目し、それらをいくつかのタイプやスタイルに分類することを**恋愛の類型論**と呼ぶ。ここで

は、恋愛の類型論のなかでも広く知られた恋愛の色彩理論と愛の三角理論の2つを紹介していこう。

・恋愛の色彩理論：恋愛の色彩理論は、恋愛への態度や恋愛の仕方には、色彩と同じように、いくつかの種類が存在するというものである。リー（Lee, 1977; 1988）は、数多くの小説や哲学書、歴史書などの文献から恋愛に関する記述を収集し、それらを丹念に分類することで、恋愛への態度にはいくつかの様式（スタイル）が存在すると主張した。彼は、この恋愛への態度のことを**ラブスタイル**と呼び、さらに、主要なラブスタイルを色彩に見立てることで、自身の理論を恋愛の色彩理論と呼んだ。

ラブスタイルは、色の三原色と同様に、その基本形としてエロス、ストルゲ、ルダスの3つが存在し、さらに、それらを混合させたものとしてマニア、アガペー、プラグマの3つが加わることで、6つの主要なスタイルがあるとされる。表27-1に6つのラブスタイルの特徴を示したが、それらをふまえれば、タカシは、ストルゲ的あるいはアガペー的なラブスタイル、タカヒロは、ルダス的なラブスタイルであるということができるだろう。

ラブスタイルは、恋愛関係の特徴や質とも関連する。これまでの研究では、エロス的あるいはアガペー的なラブスタイルの人は、自分の恋愛関係に満足し

表27-1　6つのラブスタイルの特徴 (Lee, 1988 より作成)

ラブスタイル	特徴
エロス （美への愛）	相手の外見を重視し、ロマンティックな考えや行動をとる。恋愛を至上のものと考える傾向があり、一目惚れしやすい。
ストルゲ （友愛）	長い時間をかけて愛を育み、おだやかで友情的な愛を形成する。過度に感情的にならないため、比較的安定した関係が続く。
ルダス （遊びの愛）	恋愛をゲームとしてとらえ、楽しむことを第一に考える。特定の相手に執着せず、複数の相手と同時に恋愛をすることができる。
マニア （狂気な愛）	相手に対して固執し、独占欲が強い。ささいなことがらにも嫉妬や執着、悲哀といった激しい感情を経験しやすい。
アガペー （愛他的な愛）	相手の利益を真っ先に考え、相手のためには自分を犠牲にすることもいとわない。また、その見返りを相手に求めることもない。
プラグマ （実利的な愛）	恋愛を自分の地位向上の手段として考える。社会的地位や財産などのさまざまな基準と照らし合わせて、恋愛相手を選ぶ。

やすく、また、相手への愛情や親密さといった関係の質の良好さを表す指標の得点も高いことが示されている（Davis & Latty-Mann, 1987; Hendrick et al., 1988; Kanemasa et al., 2004）。反対に、ルダス的な人は、自分の恋愛関係に不満足である場合が多く、また、恋愛関係の質もあまり良くないとされる。

・**愛の三角理論**：恋愛の色彩理論とは異なり、愛がいったい何からできているのか、言い換えれば、愛を構成する要素とは何なのかに着目したものが、愛の三角理論（Sternberg, 1986）である。

スタンバーグは、愛が恋愛関係に特有の感情ではなく、親子や友人関係、また、一般の対人関係においても経験する感情であると考えた。そして、愛が何から構成されているのかについて調査を行った結果（Sternberg & Grajek, 1984）、彼は、3つの要素の組み合わせによって愛が成り立っているという結論に達した。それらの要素とは、表27-2 に示した親密性、情熱、コミットメント（p.86 参照）である。愛の三角理論では、それら3つの要素を頂点とした三角形によって愛は表現され（図27-1）、相手との関係性や時間の経過などにより、その強さや形を変えていくとされる。つまり、三角形の大きさや形によって愛の形（種類）が表されるというのである。

愛の形は、親密性、情熱、コミットメントという3つの要素が関係のなかで経験されるか否か、その組み合わせによって大きく8つに分類することができる。それらは表27-3 に示したような特徴をもっている。この愛の三角理論の

表 27-2　**愛の3要素の特徴**（Sternberg, 1986 より作成）

愛の3要素	特徴
親密性	親しさや温かさ、また、相手とつながっているという感覚として経験される、愛の中心的な要素。相手との、あるいは関係への感情的な関わりあいによって育まれていく。
情熱	相手の身体的魅力や性的興奮によって引き起こされる要素。ドキドキ感といった感情的な覚醒や興奮を伴い、恋愛関係では相手と積極的に関わろうとする動機となる。
コミットメント	相手や関係に関わっていこうとする意志や決意を内包する要素。恋愛関係などで困難な時期を乗り越え、関係を継続させていくためには欠かせない要素とされる。

観点から見た場合、タカシは恋愛関係に親密
性やコミットメントといった要素を求め（友愛）、
タカヒロはそこに情熱を追い求めている（心
酔愛）といえるだろう。

図 27-1　愛の 3 要素と愛の形

　愛の 3 要素と関係の特徴や質との関連につ
いて検討したこれまでの研究では、親密性と
コミットメントが、恋愛関係の良好さと関連
することが示されている。たとえば、恋愛関係では親密性が高くなるほど、そ
の関係での自己評価がポジティブになりやすいこと（金政・大坊, 2003）、また、
コミットメントが高い場合、関係に対してより満足しやすいこと（Acker & Davis,
1992）が報告されている。これらの結果から見ると、恋愛関係をうまく維持し
ていくためには、ドキドキ感や興奮を伴うような情熱よりも、おだやかで安定
的な親密性やコミットメントが重要であるといえるだろう。　　　（金政　祐司）

表 27-3　愛の 8 つの形とそれらの特徴（Sternberg, 1986 より作成）

愛の形	3 要素の組み合わせ	特徴
否愛	3 要素なし	愛の 3 要素のすべてが存在しない、愛を伴わない表面的な人間関係。
好意	親密性のみ	親しみや温かさを感じる、友人関係において経験されるような愛。
心酔愛	情熱のみ	一目惚れのように、ドキドキ感や興奮を伴う相手に対する一方的な愛。
空愛	コミットメントのみ	相手に対する関心が失われた、関係が長く続いた後の冷めた愛。
恋愛	親密性と情熱	相手と情緒的なつながりをもち、また、相手に対して身体的な魅力も感じている愛。
友愛	親密性とコミットメント	相手に身体的魅力を感じなくなった、長年続いた夫婦関係でみられるような愛。
愚愛	情熱とコミットメント	出会ってすぐに恋に落ち、結婚するといったような性急な愛。あまり安定性がない。
完全愛	3 要素のすべて	3 要素がすべて備わった愛。関係や状況によってさらに成長していく可能性をもつ。

Episode 28

不安な気持ちがふたりの関係を傷つける

＊keywords ＊成人の愛着理論　愛着　近接性の探索　分離苦悩　安全な避難所　安全基地　内的作業モデル　関係不安　親密性回避　自己成就予言

　大学に入ってすぐジュンには彼女ができました。心理学部のなかでも結構かわいいと言われているユカです。つきあって半年経つのですが、ジュンには、ユカが自分のどこを気に入ってくれているのかがよくわかりません。「ユカは本当に僕のことが好きなんだろうか？　いつか離れていってしまうのでは……」そう考え始めるとジュンはいても立ってもいられなくなります。

　ジュンは、ユカにLINEをしてもすぐに返事がないと、誰か自分以外の男性と遊びに行っているのではないかと心配になってしまいます。だから、ユカに電話をかけて「どうしてLINE返してくれないの？」と強い口調で問い詰めてしまいます。「僕のことが好きなら、すぐに返事できるはず」、そうジュンは思ってしまうのです。そんなことでイライラしている自分はあまり好きではなく、できればユカにもっと優しく接したい、とジュンは考えます。なぜなら、愚痴や不満を言えば雰囲気は悪くなるし、ユカがどんどん遠ざかっていくようにも感じられるからです。

　ジュンにとって、ユカが自分と同じように不安やイライラを口に出さないことが不思議でなりません。一度、そのことをユカに聞いたら「信頼してるから」とかわされました。でも、ジュンからすると「本当に好きなら、心配になるはず。ユカの自分への愛はもう冷めているんじゃないか」と思ってしまいます。結局、ユカとは会う度に口げんかになってしまい、最初は楽しかったユカとの関係が、ジュンにとってはしだいに自分を苦しめるものになっていくのでした。

　■■■**解説**：ジュンは、ユカとつきあって半年経つにもかかわらず、なぜ彼女のことが信用できず、LINEの返信がすぐに来ないと不安になったり、そのことでユカに不満を言ったりしてしまうのだろうか。逆に、ユカはどうしてジュンを信頼し、あまり不安やイライラを口に出したりしないのだろうか。その一つの理由に、ジュンやユカの心のなかにある対人関係あるいは恋愛関係に対

する信念や期待（思い込み）をあげることができる。この対人関係や恋愛関係への信念や期待について、**成人の愛着理論**（Hazan & Shaver, 1987）をベースに説明していこう。

　成人の愛着理論において、**愛着**とはある特定の相手に対して形成される強い心理的な絆のことを指す。そして、この愛着という観点から見た場合、幼い頃の親子関係と、青年や成人の恋愛関係や夫婦関係とは、ともに強い心理的絆を形成する関係（**愛着関係**）であることから、類似した関係としてとらえることができる。シェイバーとハザン（Shaver & Hazan, 1988）は、そのような乳幼児期の親子関係と青年・成人期の恋愛や夫婦関係の共通項として、表 28-1 に示す①**近接性の探索**、②**分離苦悩**、③**安全な避難所**、④**安全基地**の 4 つをあげている。このような共通点から、成人の愛着理論では、強い心理的な絆を形成する相手（愛着対象）は、乳幼児期での親から青年・成人期では恋人や配偶者へとしだいに移行していくと考える。また、それゆえ、幼い頃の親子関係の特徴が大人になった後の恋愛・夫婦関係の特徴にある程度影響を及ぼすと仮定される。

　では、対人関係や恋愛関係への信念や期待は、いつ、どのようにして私たちの心の中に形成されていくのだろうか。成人の愛着理論によれば、それは幼い頃の親子関係において、その原型となるものが形作られていくとされる。乳幼児期の子どもは、親や養育者が自分のことを情緒的（感情的）に受け入れてく

れるか否か、また、自分の要求に適切に応えてくれるか否かといった主観的な経験を通して、"自分は他者から愛される価値があるのか、受容される存在なのか" といった自己への信念や期待を、さらに、"他者は自分のことを受け入れてくれるのか、自分の要求に応えてくれるのか" といっ

表 28-1　親子関係と恋愛・夫婦関係の 4 つの共通項とその特徴

	特徴
近接性の探索	相手との物理的・身体的な近接性を探索し、維持しようとする傾向。
分離苦悩	相手との分離に対して抵抗を示し、苦悩する傾向。
安全な避難所	主観的または現実的な危険に直面した場合に相手から安心を得ようとする傾向。
安全基地	愛着対象の存在によって、探索行動などの愛着とは関連しない活動が活発になる傾向。

た他者への信念や期待を心の内に形作っていく。このような自己や他者への信念や期待は、**内的作業モデル**と呼ばれる。私たちは、この内的作業モデルに基づいて、自分や他人についての認知や判断を行い、また、対人関係でのみずからの行動を決定する。

　内的作業モデルの自己への信念や期待は、それがネガティブな場合、他者から見捨てられることに過度の不安を感じ、それゆえに自分に対して自信をもつことができなくなるため、対人関係では、**関係不安**（関係への不安傾向）として理解される（図28-1）。また、他者への信念や期待がネガティブな場合は、他人と親密な関係を築くことを避けようとし、他人に依存することを嫌うことから、対人関係では、**親密性回避**（親密性からの回避傾向）としてとらえられる。この関係不安と親密性回避をそれぞれ縦軸と横軸に配置することで、個人の恋愛の捉え方や恋愛に対する考え方は大きく4つに分類される。それらは図28-1に示した「安定型」、「とらわれ型」、「回避型」、「恐れ型」であり、このような恋愛関係における感情経験や認知、行動の個人差を生み出す4タイプは、青年・成人期の愛着スタイルと呼ばれる。この分類に従えば、ユカは「安定型」、ジ

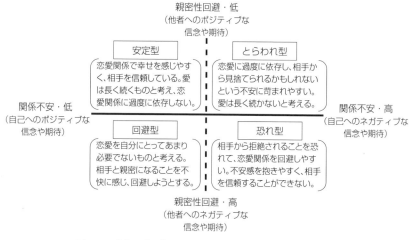

図28-1　青年・成人期の4つの愛着スタイルと恋愛のとらえ方

（Bartholomew& Horowitz,1991; Hazan & Shaver, 1987 より作成）

　第3章　深い関係になる：親密な関係の維持と発展

ュンは「とらわれ型」と考
えることができるだろう。

　これまでの研究から、関
係不安や親密性回避の高さ
は、恋愛関係や夫婦関係の
諸側面にネガティブな影響
を及ぼすことが知られてい

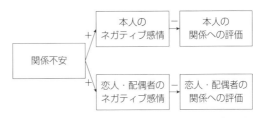

図 28-2　愛着スタイルの関係不安による関係への評価の低下
（金政，2009，2010 に基づき作成）

る。それらの関係を対象にした研究では、関係不安や親密性回避が高くなると、
その本人が関係内でネガティブな感情を経験しやすく、反対に、ポジティブな
感情を経験しづらくなること（Feeney, 1995, 1999）、加えて、関係への満足度も
低くなることが示されている（Shaver et al., 2005）。

　さらに、このような関係不安や親密性回避、言い換えれば、自己や他者への
信念や期待は、単なる思い込みだけに留まらず、現実をも作り出してしまう可
能性がある。たとえば、関係不安の高いジュンは、ユカから嫌われてはいない
かと過度に不安になり、ユカのちょっとした行動をネガティブに解釈してイラ
イラを感じ、それをユカにぶつけていた。その結果、関係内の雰囲気は悪くな
り、ジュンにとってユカとの関係は満足のいかないものとなる。それは、イラ
イラをぶつけられたユカにとっても同様であろう。つまり、関係不安の高い人
たちは、関係の崩壊というもっとも避けたかったはずの事態を自分から招くこ
とになるのである。実際、恋愛関係ならびに夫婦関係を対象としたペア調査（カ
ップル双方からデータを収集する調査）によると、(a) 関係不安の高い人たちは、
自分のネガティブ感情を高めることで自分の関係に対する評価を低下させる（図
28-2 の上のルート）、(b) 関係不安の高い人たちは、相手のネガティブ感情を高
めることで相手の関係に対する評価を低下させる（図 28-2 の下のルート）ことが
示されている（金政，2009，2010）。このように、内的作業モデルという心の中の
思い込みは、**自己成就予言**（p.127）のプロセスを経ることで、時として、元々
は存在しなかった現実を作り上げてしまう可能性があるのだ。

（金政祐司・浅野良輔）

Episode 29 自分のことのように……

* keywords * 自己拡張理論　IOS　関係継続

〈つきあい始めて1週間〉ユウコとタカオは、大学のサークルの友だちです。お互い意識するようになって、どちらからともなく、つきあうことに。この前はじめて2人で映画に行き、ユウコはタカオがチョコミント味のアイスが好きなことを知りました。「信じられない。歯磨き粉味なのに」2人の距離＝2。

〈つきあいはじめて1ヵ月〉2人のことは、まだ友だちには内緒です。同じ授業でも、教室にはタイミングをずらして入り、離れて座ります。2人だけの秘密が、互いの好きな気持ちを高めます。2人の距離＝4。

〈つきあって1年〉2人の仲はみんなにも公認に。一緒に授業に出て、お互いの家を行き来しています。家で夕飯を作って食べたり、DVDを観たり。ユウコは、タカオに影響されて、最近は海外ドラマにはまっています。この前、タカオが書いた小説が、ある雑誌の新人賞候補になりました。ユウコは、まるで自分のことのようにうれしくて、家族にも自慢しました。2人の距離＝6。

〈つきあって4年〉2人は、結局大学4年間ずっと一緒でした。みんなから「おしどり夫婦」と呼ばれています。実際、タカオは自分の部屋にほとんど帰らず、ユウコの部屋で、半同棲状態。お互いが何も言わなくても、相手の気持ちがわかる感じです。でも、卒業を前にして、2人はこのままどうなっていくのか、将来への漠然とした不安があります。タカオは小説をずっと書き続け、就職せずにプロを目指すようです。ユウコは地元の銀行から内定をもらいました。遠距離になるけど、結婚はまだ考えられないし……。2人の距離＝4。

■■■解説：恋人たちが互いに親密になっていく過程について、アロンら（Aron & Aron, 2000）は、自己を拡大しつつ、相手と一体になっていく過程ととらえ、**自己拡張理論**を提唱した。この理論によると、人は自己を拡大したいという基本的な欲求をもち、それに基づいて、親密な相手の認知的な資源を獲得し、自己を拡大させ、まるで相手が自分の一部のようになっていくとされる。

エピソードでも、ユウコはタカオの食べ物の好みも知らなかった状態から、

徐々に、相手の性格やものの見方を知り、それを自分のものにしていく様子が示されている。ここで重要なのは、ユウコ自身は自分を広げようとする明確な意識はなく、ただ相手を好きで、相手を知りたくて、結果として自己が拡大していった点である。自己拡張動機は必ずしも意識されず、無意識に存在する。

　この自己拡張理論に基づき、自己が他者を内包する程度を測定するために、IOS（Inclusion of Other in the Self）尺度が開発されている（図29-1）。この尺度では、自分と相手との関係が２つの円の重なりで表され、重なりと円の大きさが徐々に大きくなっていく７つの図で示される。これは、自己が他者を内包しつつ、互いに資源を獲得し拡張していく過程を表し、得点が高いほど、内包の程度が高いことを示す。先行研究（Agnew et al., 1998）では、IOS得点が高いほど、カップルの関係満足度や**コミットメント**（p.90参照）が高く、自分たちのことをわたしたち（weとus）と表現する頻度が高いことが示されている。

　ユウコは、卒業を前に、今後つきあっていくべきか悩んでいる。IOS得点も以前よりも低い。このような状態を自己拡張理論から考えると、２人にはもう自己に内包されるべき、相手のあらたな情報や資源がないために生じたと解釈できる。このように自己拡張理論は、つきあいが深まって、互いの新奇性がなくなり、愛情が冷めていく過程も説明できる。ただし、年を重ねても互いに愛情を抱きながら生きる夫婦は数多く存在する。そのような２人は、互いに自己を拡張できる、新奇で覚醒的な活動をともにしている可能性がある（Aron & Aron, 2000）。ユウコとタカオも互いの自己を拡張させる活動を一緒にできるのか。それが**関係継続**の鍵である。

（長谷川　孝治）

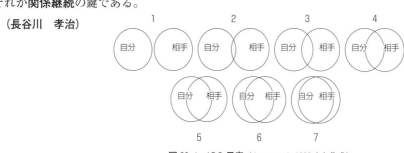

図 29-1　IOS 尺度（Aron et al., 1992 より作成）

Episode 30

彼には不満、でも関係は続ける

＊keywords ＊相互依存　関係継続　関係満足度　他に代わる関係　投資量

　マサとヨウコは、大学生の頃に知り合い、結婚しました。職場では、いろんな人にからかわれることの多いマサですが、家庭では亭主関白で、衣食住のすべてをヨウコに頼り切っています。一方、妻のヨウコは、もともとひとりで静かに物事を考えるのが好きなタイプで、あまり人づきあいが得意ではありません。しかし、仕事柄、さまざまな人と話さなければならないことがあります。そのような時、同業のマサの人づきあいの良さに助けてもらいます。会合などにマサと一緒にいくだけで、いろんな人がヨウコにも話しかけてくれるのです。

　だからといって、ヨウコが夫婦の関係に満足しているわけではありません。ヨウコの育った家庭では父も積極的に家事に参加しており、それが当たり前だと思っていました。また、ヨウコの生まれ育った家の男性はみな痩せていたため、食べたいものを好きなだけ食べて太り気味のマサをみても、なんだか思い描いていた理想の男性像とはかけ離れています。それでも、ヨウコはマサと別れようとは思いません。今別れてしまうと、また一から別の相手と関係を育むのが面倒そうで、これまでマサとの関係を培うために費やした時間も無駄になるように思えます。また、そもそも今からマサよりも良いと思えるパートナーを見つけることも簡単ではありません。実は一度だけ、結婚したての頃に、独身の親友に頼まれて合コンに参加したことがありましたが、マサほど話の合う相手はまったくいませんでした。

　今日も帰宅後、家事を手伝うことなく、ご飯だけをもりもりと食べ続ける夫に苛立ちながらも、ヨウコは「がまんがまん」とひとりつぶやくのでした。

■■■■**解説**：親密な関係が続くことで、本人たちはそこからさまざまな恩恵を受けることができる。マサは家事をしなくても生活できたし、ヨウコも煩わしい人づきあいを避けながらも多くの人と話すことができた。ただしこのように、それぞれが恩恵を受けることができたのは、相手がその提供を拒まなかったからである。ヨウコは家事を提供し、マサは社交的な場でのつき添いを提供

していた。もしそれぞれが提供を拒めば、相手は恩恵を受けられなかったはずである。こう考えると、それぞれが恩恵を受けられるかどうかは、お互いに相手の行動に依存していたといえる。親密な関係には、このような**相互依存**という側面が伴うのである（Kelley & Thibaut, 1978）。

　そして**関係継続**は、相互に依存するだけの価値が本当に今の関係にあるのかどうかによって決まる。その判断は、過去の経験や知識と照らし合わせた場合の結果と、他の代わりとなりうる関係と今の関係を比較した場合の結果の２つに基づく。ヨウコは自身の父や家族との経験に基づいてマサの普段の行動を判断していた。これは前者の比較結果である。一方、一度だけ参加した合コンの参加相手とマサを比較していたのが後者の例にあたる。

　実際のところ、こういった比較や判断が行われる上では、次の３つの要因が重視される（Rusbult, 1983）。１つ目は、**関係**に対する**満足度**の高さであり、高いほど関係を続けようとする。２つ目は、**他に代わる関係**の乏しさであり、他に魅力的な関係がないほど関係を続けようとする。３つ目は、それまでに関係に費やした労力や時間、あるいはもし関係を終えることになったならば失われるであろう資源を含む関係への**投資量**の多さである。投資量が多いほど、人は関係を続けようとする。

　重要なことは、これら３つの要因を足し合わせた結果によって、関係の続きやすさが決まるということである。したがって、もっとも続きやすい関係とは、満足いくものであり、かつそれまでに多大な労力や時間を費やしており、さらに、ほかに代わる魅力的な関係が周囲に見あたらないものだといえる。これらの結果を言い換えれば、ヨウコのように関係に満足していなくても、ほかに代わる関係の乏しさや関係への投資量の多さによって、関係を続けようとすることがあるということでもある。本人たちが積極的に関係を継続させようとしているように周囲には見えたとしても、必ずしも本人たちが関係に満足しているとは限らないのである。

（相馬　敏彦）

Episode 31

束縛する男、コミュニケーションを控える女

＊keywords＊嫉妬心　貞操感　排他性　所有意識　サポート　束縛

　　コウジには好意を寄せている女性がいます。ハルというその女性とは、ある
スキー合宿で出会いました。ある日、先輩たちにけしかけられて思いを伝えた
ところ、ハルから「つきあってもいいよ」と返事をもらいました。お世辞にも
それまであまり異性にもてたことのないコウジには、社交的なハルが自分とつ
きあってくれることが信じられませんでした。

　　つきあい始めた頃は、他愛ない話をするだけでコウジは幸せでした。離れて
暮らすコウジがハルと直接会う機会は限られていましたし、電話で話す時間も
それほどありませんでしたが、Facebook でつながっていたので寂しくはあり
ませんでした。ハルがその日誰と会い何をしたのかを見るだけで、一緒に過ご
しているようでコウジにはうれしかったのです。ただ、2 週間も経つと、ハル
が Facebook 上でコウジ以外の相手と個人的に連絡をとりあっていることが気
になり始めました。Facebook のタイムライン（掲示板）での会話は、そこに
直接加わっていないコウジにも見ることができましたが、個人的なメッセージ
のやりとりはコウジには見ることができませんでした。それとなく、気になっ
ていることをハルに伝えると「大丈夫だよ、相手はみんな女友だちだから」と
答えます。そう言われても、やはりコウジには気になって仕方なく、何度もハ
ルにそのことを伝えました。徐々にハルも、コウジに悪い気がして、あまり女
友だちとメッセージのやりとりをしなくなりました。古くからつきあいのある
女友だちからは、「ハルの彼氏って、ソクバッキー（強く束縛する人）じゃない？」
と半分笑いながら心配されました。

■■■解説：恋人とのつきあいのなかでコウジのように強い**嫉妬心**をもつこ
とはしばしばみられる。また、ハルのように交際相手以外とのつきあいを控え
ようとする**貞操感**もしばしば見受けられる。恋人や夫婦といった関係では、お
互いに部外者とのかかわりを控えようとする**排他性**や、関係は自分たちだけの
ものであるという**所有意識**がみられやすいのである。

このような親密な関係にみられる排他性は、部外者の性別によって異なるだろうか？　たとえばハルがコウジとは別の男友だちと親しくする場合すなわち異性の部外者と関わる場合と、ハルが女友だちと親しくする場合すなわち同性の部外者と関わる場合とでは、排他性はどう違うだろうか？　嫉妬心という点では、部外者が同性の場合よりも異性の場合に強く嫉妬することがわかっている（Gomillion et al., 2014）。嫉妬の対象となった異性によって嫉妬する者の立場が取って代わられる可能性があるからである。ただし、部外者が（恋人と）同性の友人だからといって嫉妬心が生じないわけでもない。現在の恋人とのつきあいが重要なものであるほど、その同性友人に対しても強い嫉妬心をいだきやすい。恋人と過ごす時間や自分に向けられる恋人からの関心が、友人にも向けられてしまうため、嫉妬心が生じると考えることができる。

　ハルのように恋人が実際に嫉妬する姿を見て、あるいはそれ以前に恋人に嫉妬させないようみずから考え、部外者とのかかわりを控えようとすることはいくつかの場面でみられる。たとえば、自分がなんらかの問題を抱えさまざまな人からの**サポート**（p.131 参照）を必要とする場面でも、恋人たちは恋人以外の友人や知人からサポートしてもらうことをためらってしまう（相馬・浦, 2007）。友人や知人が同性であっても異性であっても排他的になってしまうのである。このような排他性は、親友関係ではあまりみられない。つまり、親友とのかかわりを続ける上で、その親友以外とのかかわりを控えようとはしないのである。恋人たちは、お互いにかけがえのない存在であろうとすることで、自分たちの関係をより続きやすくしているといえるだろう。ただし、その結果として維持される関係が、本当に２人にとって魅力的なものかどうかはわからない。嫉妬心や貞操感といった排他性や所有意識に関する感情は時に「愛情の証し」としてとらえられるが、互いの**束縛**だけで維持される関係が、本人たちの望む関係性であるとは限らないのである。

（相馬　敏彦）

なんでつきあっているのか、最近わからなくなってきた

* keywords * コミットメント　接近コミットメント　回避コミットメント

　ユキには、シンという恋人がいます。シンは、ユキが所属するサークルの後輩でしたが、先輩・後輩として過ごすうちに恋愛感情が芽生え、交際へと至りました。2人は似ているところが多く、一緒にいて楽しいことばかりでした。また、2人はいろいろな場所へ遊びに行ったり、遠くへ泊まりがけの旅行へ行ったりし、たくさんの思い出を作りました。多少忙しくてもお互いに悩みを聞きあったり、愚痴を言いあったりもしました。今では、ユキのアパートで半同棲のような生活をしています。そんな彼らは、サークルの仲間にうらやましがられるほどのベストカップルでした。

　しかし、最近、ユキは悩んでいました。それは、交際期間が長くなるにつれて、つきあい始めた頃のドキドキや楽しさがあまり感じられなくなってきて、なぜつきあっているのかわからなくなってきたのです。別れることを考える時もあります。しかし、別れを切り出すのは怖いし、頑張ってつきあってきたのに今さら別れられないし、別れてもすぐに恋人なんてできないし、別れたらサークルの人たちがどんな顔をするかわからないし、相手は私を頼りにしているし……などの考えが頭に浮かび、別れを決心することはできませんでした。このような思いが強くなってくるにつれ、ユキは、シンに対して苛立ちや面倒さを感じることが多くなっていきました。そして、ユキの気分は沈みがちで、精神的に疲れてしまうことも多くなっていきました。

■■■■**解説**：「恋愛関係の継続を決定づける要因は何か？」とたずねられた際に、愛情の強さや関係への満足感と答えるだけでは、不十分である。なぜならば、愛情が弱く、不満足な関係が継続される場合や、逆に愛情が強く、満足する関係が終わってしまう場合も存在するためである。では、何が恋愛関係を継続させるのであろうか。その答えは、**コミットメント**（p.85 参照）である。

　コミットメントの日本語訳は、約束、言質、責任など多岐にわたるが、親密な関係へのコミットメントに関しては、「関係を継続しようとする意思や動機

づけ」の意味で用いられることが多い。このコミットメントには、2つの側面が存在する（Frank & Brandstätter, 2002）。第1の側面は、恋人との関係によって生じるポジティブな経験のために、関係を継続しようとする**接近コミットメント**である。接近コミットメントの強さは、関係への満足感や恋人へのポジティブ感情、本人の幸福感を高めることが明らかになっている（Frank & Brandstätter, 2002）。第2の側面は、恋人と別れる時や別れた後のネガティブな経験を避けるため、あるいは、関係の継続に義務感や責任感を感じるために関係を継続しようとする**回避コミットメント**である。回避コミットメントの強さは、関係への満足感や本人の幸福感を低めること（Frank & Brandstätter, 2002）、恋人へのネガティブ感情を高め、精神的健康を悪化させること（古村, 2016）が明らかになっている。

　ユキとシンは、つきあい始めた当初、2人の共通点の多さや一緒にいる楽しさ、互いの相談に乗れることなどのポジティブな出来事を経験しており、接近コミットメントの強さで関係が維持されていたといえる。それゆえ、ユキは、シンとの関係に満足し、幸せを感じていたのである。しかし、交際期間が長くなるにつれ、ユキは、シンとの関係のなかでポジティブな出来事を経験できなくなってきた。むしろ、別れる手続きの面倒さなど、別れる際のネガティブな経験を意識するようになってきた。また、別れるとシンとの関係に費やしてきた時間や努力を無駄にしてしまう、別れた後のサークルの人たちの反応が心配、別れたらひとりになってしまうなどの、別れた後に起こりうるネガティブな経験を意識するようになった。さらに、自分を頼ってくるシンへの責任感も感じていた。つまり、これらのネガティブな経験を避けようとしたり、シンに対する責任感を感じたりという回避コミットメントの強さで、関係が維持されていたのである。この状態において、ユキはシンとの関係に満足できず、シンに対してネガティブな感情を抱き、本人の幸福感や精神的健康も低くなっていった。

（古村　健太郎）

Episode 33

同じお返しをもらっても……

＊ keywords ＊ お返し　恩恵　共同的関係　交換的関係　関係規範

> 　コハルはこの春大学に入学したばかりの新入生です。コハルは入学式の日に
> マオとユウナに出会いました。お互いに自己紹介をするなかで、マオは、自分
> とは違い、外でスポーツをするのが好きなこと、また、同じ学部に高校時代か
> らの友人がすでに何人かいることがわかりました。マオとはこの先あまり親し
> くはならないだろうと、コハルは思いました。一方、ユウナは、自分と好きな
> バンドが同じでよくライブに行っていること、1人暮らしを始めたばかりで、
> 新しい友だちを探していることがわかりました。ユウナとだったらこれからも
> ずっと続く親友になれるだろう、コハルはそう思いました。
>
> 　大学に入学して3週間ほどたった頃、マオが風邪を引き、必修の専門科目
> の授業を欠席しました。翌週、風邪が治ったマオは、コハルに先週の授業のノ
> ートを貸してくれないかと頼んできました。コハルは困った時はお互い様だと
> 思い、マオにノートを貸しました。ノートを借りると、マオは「お返しだよ」
> と言って、ジュース代を渡してきました。コハルは遠慮しながらも、そのお金
> を受け取りました。
>
> 　その翌週、今度はユウナが風邪を引いて専門科目の授業を欠席しました。ユ
> ウナからもノートを貸してほしいと頼まれたコハルは、ユウナのためになるな
> らと思ってノートを貸しました。するとユウナも「お返しをしないといけない
> ね」と言って、ジュース代を渡してきました。お金を渡されたコハルの気持ち
> は複雑でした。「お返しなんていらなかったのに……。」

■■■解説：コハルは2人から同じようなお返しをもらったにもかかわらず、
なぜマオからのお返しは素直に受け取ることができたのに、ユウナからのお返
しには否定的な気持ちを抱いたのだろうか。それは、コハルが築こうとしてい
る関係が、マオとユウナでは異なっていたからである。

　わたしたちは人間関係のなかで、ものの貸し借りから情緒的なサポート（p.131
参照）に至るまで、いろいろな恩恵を互いに与えあっている。クラークとミル

ズ（Clark & Mills, 1979）は、関係のなかで恩恵を与える時のルールによって、人間関係を**共同的関係**と**交換的関係**の２つに分類している。共同的関係では、相手が幸せであるかどうかに強い関心をもち、相手が何かを必要とする時には、必要なものやサポートを見返りを求めることなく与えるというルールが用いられる。その代表的なものが、恋人関係、友人関係、家族関係であり、コハルはユウナと共同的関係を築こうとしていた。一方、交換的関係は、借りっぱなしや貸しっぱなしの状態を作らないことを重視する関係で、相手に恩恵を与える時はそのお返しを期待する、相手から恩恵を得た時はすぐにそのお返しをするというルールが用いられる。その代表が、知人関係や仕事上の関係であり、コハルがマオと築こうとしていた関係である。

　コハルがユウナに対して否定的な気持ちになったのは、自分から受けた恩恵（ノートを借りた）に対してすぐにお返しをしようとした（ジュース代を渡した）ユウナの行動によって、ユウナが自分と交換的関係を築こうとしていると感じられたためである。ユウナと共同的関係を築きたいというコハルの気持ちが傷つけられてしまったのである。実際、クラークとミルズの実験でも、この心理が確かめられている。自分と一緒に実験に参加した相手と共同的関係を築くことを望んでいた場合、実験中に自分が与えた恩恵（相手が実験課題でより多くのポイントが得られるように助けた）に対して、相手が感謝のメッセージとともにお返しをしてきた（課題で得た一部のポイントを送った）方が、感謝のメッセージだけを送った（お返しなし）よりも、相手への好意度は低かった。交換的関係が望まれていた場合は、お返しをしてきた方が相手への好意度は高かった。

　相手が自分のためになることをしてくれた時、すぐにお返しをしようとすることは良いことのように思えるが、共同的関係と交換的関係のどちらを築いたり、築こうとしているかによって、そのお返しが相手から否定的に受け取られることもあるのである。

（宮崎　弦太）

Episode 34

家事をしないから怒るのではない、不公平だから怒るのだ

＊keywords＊貢献度　成果　公正　関係満足度　衡平理論　互恵性

　トモは結婚して9年になります。結婚して以来、専業主婦として日々家事や育児に追われています。5歳になる息子はちょうど自己主張が強くなり、どれだけ叱っても、トモの手に負えないことがあり大変です。夫のジュンジは大学で心理学を教えており、授業のない日は朝の通勤ラッシュが終わった頃に出勤し、夜遅く帰宅してからも、遅めの夕食をとるとすぐに自室にこもってパソコンで仕事をしているようです。普段、ジュンジが家事を手伝ってくれることはほとんどありません。それでもトモは、ジュンジが家族のためにと一生懸命に仕事をしてくれているのだから、どれだけ家事や育児がしんどくてもあまり不満を言ってはいけないと思っていました。

　ある日、帰宅して自室で仕事をしている夫の部屋に、遊んでもらえると思った息子が入っていってしまいました。普段は、仕事の邪魔にならないよう夫の部屋には立ち入らせないようにしていたのですが、たまたま洗い物をしていて注意しそこねたのでした。慌てて、息子を呼び戻しにジュンジの部屋に入ったトモは、イヤホンをしてパソコンでアニメを見ることに夢中になっているジュンジを見て驚きました。ジュンジは息子が来たことにも、そればかりか、トモが来たことにも気づいていないようです。「普段から仕事だといいながらこうして遊んでいたんだ」、そう思ったトモはとても腹立たしく感じました。ようやく、2人が自室に入ってきたことに気づいたジュンジに、トモは「今の私の気持ちがわかる？　心理学者でしょ、わかんないの？　バカじゃないの」と言い放って部屋を出て行きました。

■■■■解説：トモがジュンジに激しく怒ったのは、単にジュンジが家事を手伝ってくれないからではない。ジュンジの仕事を通じた家族への貢献度が、家事や育児を通じたトモの（家族への）貢献度と釣り合っていないと、トモが感じたからである。つまり、普段から懸命に家事・育児をこなすトモにとって、同じくらい懸命にジュンジが仕事をこなしていたなら、それほど強い不満や怒

　第3章　深い関係になる：親密な関係の維持と発展

りが生じることはなかったのである。このように、2人の関係のなかで、自分の**貢献度**や関係から自分が得られる**成果**（満足

$$\frac{自分の得る成果}{自分の果たす貢献} = \frac{相手の得る成果}{相手の果たす貢献}$$

図 34-1　自分と相手の成果や貢献が公正だと思う状態

をもたらすもの）が、相手のそれらと釣り合っている状態を人は**公正**だと感じる（井上, 1985　図34-1）。したがって、仮にトモが家事の手を抜きがちであったとすれば、ジュンジが仕事の手を抜いていることで、家族への貢献度という点で2人は釣り合うことになる。アニメにのめりこむジュンジを見ても、トモはさほど腹立たしくは感じなかったであろう。

　ただし、本人たちの目からみた場合、完全に釣り合っているよりも、多少自分が相手よりも多くの恩恵を受けているように感じるほど満足を感じやすいこともわかっている。

　また、現実的には、一方の貢献が相手の成果や満足に影響しあうということもしばしばある。たとえば、専業主婦世帯なら、夫が家族のためにと仕事に打ち込む姿を見て、妻がいっそう家事や育児に熱心になり、さらにそれが夫の支えとなりますます家族のためにと夫がいっそうの貢献をしようとする場合がある。共働き世帯でも、互いの家事に対する貢献という点で同じようなことがあるだろう。つまり、実際の人間関係のなかでは、自分から相手に対する貢献が相手に成果や満足をもたらし、それによって今度は相手から自分へのさらなる貢献が促され、結局は自分も大きな成果を得られるようになる、といった互いに大きな成果をもたらしあう相互作用サイクルがみられることもある（奥田, 1994　図34-2）。

（相馬　敏彦）

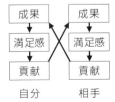

図 34-2　親密な関係における互恵性

（奥田, 1994 より作成）

環境が"情熱的な恋人"を作る

＊ keywords ＊関係流動性　恋愛の文化差

　カスミはアメリカ留学中の大学生です。カスミには、同じ大学に留学中のシゲルという恋人がいます。シゲルはとても情熱的で、電話やメッセージの最後には「愛してる」の一言を欠かしません。カスミの髪型や化粧のささいな変化にもすぐに気がついて必ずほめてくれますし、記念日はもちろん何でもない日にプレゼントをくれることはしょっちゅうあります。正直に言うと、留学先の大学には色々な国からたくさんの人が集まっていて、シゲルと同じか、それ以上に魅力的な人と出会う機会もたくさんあります。けれど、ほかのだれよりもカスミに尽くしてくれる情熱的なシゲルだからこそ、カスミはシゲルを恋人に選んだのです。

　ところでカスミは、留学する少し前まで、日本の大学で、同級生だったサトシとつきあっていました。サトシも、つきあうまではシゲルほどではありませんが尽くしてくれました。けれど、交際が始まってからは気が抜けたのか、「愛してる」なんてめったに言わなくなりました。カスミの髪型や化粧の変化にもなかなか気づきませんでしたし、何でもない日のプレゼントはおろか記念日を忘れることもありました。当時のカスミはそうした小さなことに不満を感じていたのですが、わざわざ文句を言ってケンカになるのもいやだと我慢していました。

　カスミは、もし今シゲルに同じことをされたらきっとケンカするか別れるなと考えて、「アメリカに来てから理想が高くなったかも」と思うのでした。

■■■解説：ある環境で、恋人や友人といった対人関係のパートナーを自由に取捨選択できる程度のことを、**関係流動性**という（Yuki & Schug, 2012）。たとえばアメリカは、関係流動性が高い環境として知られる。関係流動性の高い環境では、あらたな他者と出会うチャンスがたくさんあり、個人はパートナーを自由に選ぶことができる。ここで重要なのは、自分もまた相手から選ばれる対象であるということである。魅力的な相手と仲良くなるためには、積極的に自

分の魅力をアピールし、相手から選ばれ続ける必要がある（Yamada et al., 2017）。だからこそシゲルは、情熱的に愛を伝え、相手を褒め、積極的にプレゼントをおくることを通じて自分の魅力をアピールしたのである。そうした努力が実り、カスミは、もっとも自分に尽くしてくれる理想の相手として、シゲルを恋人に選んだのである。

　一方で、日本は関係流動性の低い環境として知られ、あらたな他者と出会うチャンスが少なく、また一度形成された対人関係は解消されにくい（山岸, 1998）。こうした自由なパートナー選択が難しい環境では、積極的に自分の魅力をアピールする必要性は低い。なぜなら、新しい出会いのチャンスが少ない以上アピールが必要になる機会も少なく、また一度つきあい始めたら別れにくくなるからである。むしろ、関係流動性の低い環境で必要なのは、現在の関係を険悪にしたり、悪影響を与えたりするようなことを避けることである（山岸, 1998）。あらたな出会いのチャンスが少ない環境でパートナーとの関係が悪化した場合、とりうる選択肢は「居心地の悪い関係に留まる」か「次の相手が見つからないリスクを負ってでも別れる」かしかない（関係改善の努力をする場合も、居心地の悪い状態はいくらか続いてしまう）。パートナーの喪失は**ソーシャルサポート**（p.131参照）など社会生活上の重要な支援を失うことにつながるので、できれば相手と良好な関係を保つことが望ましい（Kito et al., 2017）。だからこそ、カスミのように不満を我慢するようになるのである。

（山田　順子）

Episode
36

慎重さと勘違いがもたらす悲劇

＊ keywords ＊進化　性選択　生殖機会　致命的なエラー　バイアス　配偶者
選択　性差

　エリは大学2年生。入学式で隣になったユウトに一目惚れしました。ユウト
は爽やかな笑顔の持ち主。式直前、人見知りのエリは誰とも話すことができま
せん。そのようなエリに「はじめまして。これからよろしくね」とユウトが声
をかけ、話が進むと好きなアーティストが同じであることがわかりました。入
学後も2人は同じクラスとなり、ユウトからエリに話しかけますが、ユウトは
クラスの人気者。すぐにほかの友人が割って入ってきます。2人の距離は縮ま
ることなく2年生となりました。実はユウトも入学式の時からエリに一目惚れ
していました。同じクラスでしたが、ほかの男友だちの目もあってデートに誘う
こともできません。ある日エリのLINEに、ユウトからライブに一緒に行こう
とメッセージがありました。エリは嬉しさで舞い上がりましたが、返信に躊躇
しました。ユウトは私に好意を寄せてくれているのか、それとも趣味仲間の1
人として誘っているだけなのか……。ユウトはデートに誘うつもりで送った渾
身のメッセージ。でもエリは文面だけではユウトの気持ちを読み取ることがで
きません。エリはユウトの親友のカズに連絡をとって、密かにユウトの気持ち
を聞き出してから返事しようと思いました。エリはカズに話したいことがある
から直接会ってほしいと留守番電話に入れました。ところがカズはこれを聞いて、
きっとエリは俺のことが好きなんだ、この話って告白だなぁと勘違いしました。
しかも、直後に親友のユウトに自慢したくなり、ユウトに電話をかけ、その勘
違いを伝えました。エリが俺のことを好きみたいだと。落ち込むユウト。初デ
ートの記念にと苦労して手に入れたライブのチケットを破り捨ててしまいました。

■■■■**解説**：両想いであったにもかかわらず、エリとユウトの恋は成就しな
かった。カズの誤解も含め、ボタンのかけ違いのように交錯していく人間模様
は、日常に散見する現象である。なぜエリはユウトの誘いを慎重に受け止め、
なぜカズは自惚れた勘違いを起こしたのか。この背景には、チャールズ・ダー

ウィンが異性を獲得するための**進化**として提唱した**性選択**の影響がある。人間も生物の一種として、祖先から引き継いだ遺伝子を伝達していくため、オスとしての男性は同種内での厳しい競争に直面し、メスとしての女性は子どもが自立するまで養育してくれる男性を求めている。オスは自身で子どもを産むことができないため、メスに選ばれることがなければ遺伝子を残すことができない。この競争のために、身体的な性質に限らず、心も進化した。たとえばハセルトンとバス（Haselton & Buss, 2000）は、オスにとって**生殖機会**が減少することは**致命的なエラー**であるため、それを回避するための認知的な判断の**バイアス**（偏り）を男性が備えていることを実験により示した。相手の女性が自身を好きでいてくれて生殖機会につながる可能性があるかどうかが不明な状況の際に、2つの推測（私のことを好きだ vs. 好きではない）が生起する。片方の推測の誤りが生殖機会の減少という致命的エラーとなる場合、男性はそれを回避するために普段から推測にバイアスをかける傾向があることが実証された。つまり、女性が自身を好きなのに、誤って「私を好きではない」という間違った推測を回避するため、普段から「私を好きでいてくれる」と思い込みやすい心の性質を男性は備えているのである。カズがエリから話があるから直接会ってほしいと言われて勘違いをしてしまったのは、この進化的な影響が考えられる。一方、メスとしての女性も誰を選ぶかが重要な課題となる。**配偶者選択**とも呼ばれるメスのオスへの選好（好み）は種によって多様である。人間の女性は、子どもを自立させるまで母親が投資する負担が大きいため、勤勉で経済力のある男性に対する選好をもつとされる。すなわち、長い妊娠期間、出産後の子どもの長期的な養育期間があるため、女性は脇目も振らず養育をしてくれる男性を選び、養育を真剣に考えない男性を避けることが課題となる。ハセルトンらはこの致命的なエラーを避けるための女性の認知的バイアスが存在することも示している。つまり、女性は子どもを養育する気のない男性を好きになることを避けるために、普段から男性が「私のことを好きなんて」という慎重な推測を行う傾向を備えている。エリがユウトの誘いの意図を慎重に精査してしまった原因の1つが、このバイアスである。

（谷田　林士）

この本をもっと活用するための手引き
エピソードのネタ探しと作文

　講義が終了したら、次は受講生一人ひとりの作業です。ここでは、各自が「エピソード」を考えるという作業を行います。ただし、事前講義で取り扱っている心理学的理論や考え方を説明できるものにすることが重要です。

　エピソードを考える際の「ネタ」ですが、最近のニュースなどを参考にしてみましょう。比較的コンパクトにまとまっているニュースのまとめ記事などを参考にするのは一案です。また、自分の経験を多少アレンジして書いてみるのも一つの方法です。ただしその際には、自分の友人や家族などの名前は極力使わないほうがよいでしょう。あくまでも「作り話のエピソード」として考えてみてください。実際にあったできごとをそのまま書く必要はありません。学校などで皆が経験しているイベント（入学式など）を例に出せると、共有しやすいテーマになるでしょう。

　エピソードの文字数は、600字程度で考えてみましょう。ちなみに、本書のエピソードは概ね600〜650字程度で構成しています。エピソードに詳しい説明をいれると長くなります。登場人物の数を絞り、それぞれの登場人物の役割や行動、キャラクターづけを明確にして考えてみましょう。

　なお、どうしても新しいエピソードが思いつかないという場合もあるでしょう。その際には、掲載しているエピソードの骨格は変えずに、細部のみを変えて作ってみるとよいでしょう。具体的には、登場人物の性別や職業の設定を変えてみる、部活などの種類を変えてみる、購入する商品の種類を変えてみる、などです。

（西村　太志）

第4章

他者との関わりのなかの「わたし」：
自己と他者

　「わたし」なくして他者と関わり，つながり，親しい関
係を築くことはできない。また，自分自身のとらえ方や，
自分と他者の関係性，社会的な枠組みのなかでの自分の位
置づけなどは相対的なものであり，直面する状況によって
も大きく変わってくる。第4章では，他者と親密な関係
をもつための自己のはたらきと，他者と関係をもつことに
よって自己が受ける影響について，自尊心や自己評価の維
持変容のプロセス，他者や集団との比較を通して受ける自
己の変化などについて取り上げる。

Episode 37 わたしってどんな人？

＊keywords＊自己概念　鏡映自己　役割取得　一般化された他者　関係的自己

　トモコは、アカペラサークルやラクロス部、英会話教室に参加する活動的な大学生。そんなトモコの日課は、日記に自分の特徴を短く書くことです。

　アカペラは5人で活動していますが、トモコは最年少なので、妹キャラとしていじられます。「トモコはドジだなあ」「がむしゃらに取り組むのがいいよね」とメンバーからよく言われます。練習後は、「わたしはドジキャラだと思われているけど、実は違う」「わたしは熱心な人間だ」「わたしは努力家」と日記に書き込みます。

　一方ラクロス部では、部長として活動しています。15人の部員をまとめる苦労もありますが、楽しいことが多く、部員の前でギャグを飛ばすこともあります。部員はトモコのことを、「頼りになる」「指示が上手」「話がおもしろい」と言います。ラクロスの練習の後は、「わたしは頼られる方だ」「わたしはリーダータイプ」「わたしはユーモアがある」「わたしは努力家」と日記に書き込みます。

　英会話教室には、最近密かに憧れているマイク先生がいます。もちろん熱心に英語を勉強していますが、マイクはおしとやかな女性が好きだと話していたので、教室では意識して品よくふるまっています。教室でマイクはトモコに「おしとやか」「物静か」「熱心に取り組む」と英語でコメントしてくれます。トモコは、「わたしは教室ではおしとやかで静か」「わたしは熱心だ」「わたしは努力家」と日記に書きます。

　ある時日記を見返すと、「その時々でわたしの印象って違って見えるのだろうなあ」と思いましたが、「とはいってもわたしは『努力家』だし、まわりの人たちにもそう思われているだろうなあ」とも思いました。

■■■**解説**：トモコは、さまざまな状況で「わたしは……である」といったことをまとめている。心理学ではこれに類似した研究手法があり、「わたしは誰でしょう？」テストとして広く知られている。「わたしは誰だろうか？」と

いう問いに対して、限られた時間内で、できるだけ多くの自分に関する記述を行うというものである。20 の記述欄があるため、**20 答法**とも呼ばれる。その記述内容や順序から「わたし」の特徴を把握しようとするものである。このようにしてとらえることのできる「わたし」は、人が自分自身に対してもっている観念・感情・評価全体のことを指すものであり、心理学的には「**自己概念**」と呼ばれる。

　この自己概念は、自分自身の性格や特徴によって構成される**個人的アイデンティティ**の側面と、所属している学校や組織、民族など社会的カテゴリーに由来する**社会的アイデンティティ**によって構成される（p.108 参照）。トモコの場合、個人的アイデンティティの側面を中心に自分のことをとらえていたといえる。

　このような自己理解は、自分自身に対する考えが中心となるので、個人の内的側面のみに焦点をあてているように思うかもしれないが、そうではない。ジェームズ（James, 1890）は、自己概念の特徴を他者とのかかわりからとらえようとした。彼は、自己を自我（I）と客我（me）に区別した。自我とは「知る自己」であり、経験する主体もしくは行為の主体である。一方、客我とは「知られる自己」であり、物質的、社会的、精神的な面を含むものとしてとらえられる。このように、自己は二重性をもつものと見なすことができる。特に「知られる自己」は、周囲に他者や社会が存在しなければ成立しない視点である。そして、「わたし」が「わたし」をどのように理解するのか、すなわち自我が客我をどのように認識するのかは、多くの人々にとって興味深いテーマであり、19 世紀後半から 20 世紀初頭の研究者の主要なテーマであった。

　アメリカの社会学者クーリー（Cooley, 1902）は、**鏡映自己**という概念を提唱した。人間は自分の顔や姿を自分の目で直接見ることはできないけれども、鏡の前に立つことでその姿を理解できる。それと同じように、自己の内面にあるものを直接見ることはできないので、わたしたちは他者の存在を鏡と見立て、それを通して自己を知ることができるようになるというのである。トモコは、一緒にアカペラをしているメンバーから「ドジだなあ」と言われることによって、彼らが自分のことを「ドジ」だととらえていると想像し、そこから引き起

こされるトモコに対する評価も想像していた。この場合は、「ドジキャラ」であるとアカペラメンバーが思っていることは、彼女にとって受容しがたいことであり、彼女自身の自己概念には「ドジである」という要素は含まれず、その内容を否定している。

　さらに、アメリカの社会学者のミード（Mead, 1934）は、他者から見られた自分の姿を自分のなかに取り込むことにより自己の成立があるとする**「役割取得」**という概念を提唱している。これは、自分の周囲の他者（友だち、先生、恋人など）の期待を取り入れることが、自己像の形成に重要な意味をもつというものである。トモコの場合、ラクロス部員から「頼りになる」「指示がうまい」といった、リーダーとして望ましいとみなされる評価を受けている。このことから「自分は部員からリーダーとしての役割を期待されている」と思い、リーダー役割を自己概念に含めていたといえる。

　しかしながら、トモコは複数の役割をもっている。アカペラ、ラクロス、英会話と場面ごとに、自身に対して他者が抱いている期待は少しずつ異なっている。複数の役割をもって生活することは当たり前であり、子どもからおとなになるにつれてしだいに増えていく。しかしながら、これら複数の要素には、ときに葛藤が生じることもあるだろう。そのため、人は複数の他者の期待を統合し、一般化する必要がある。ミードは、このように心のなかに構築される「まわりの人」のことを**「一般化された他者」**と述べている。つまり「みんながわたしのことをこう思っている。」と考える時の「みんな」のイメージが「一般化された他者」である。トモコは、いろいろな人々とのかかわりをもっているが、それらの人々からのコメントに含まれる共通した要素を参考にして、「努力家である」という他者からの期待を自身のなかに構築しているといえる。努力家であるという自分自身に対するトモコの考えは、トモコの自己概念において一貫した要素として、重要な特徴と位置づけられているといえよう。

　また、トモコが経験していることは彼女にとって重要なものであり、またそこで関わる他者も彼女にとって重要なものである。鏡映自己の考え方から考えると、「鏡」として機能するのは、自分にとってなんらかの影響を及ぼす重要

な他者である。このように重要他者と結びついた自己知識は**関係的自己**と呼ばれる（Andersen & Chen, 2002）。関係的自己は、その重要他者とのことを考えることで優勢なものとなる。トモコにとって、憧れのマイク先生と一緒にいる英会話教室では、おしとやかな女性であるというイメージが彼女にとって重要なものであった。しかし、彼女にとって「おしとやか」であることが自己概念において重視されたのは英会話教室だけであり、ラクロス部での活動中にはあまり重視されなかった。ラクロス部の部員と「おしとやか」である自己知識が結びついていなかったためである。

　このように、「自分自身が何者であるか？」ということを内的に思索し、自己への関心を高めるのは、青年期の1つの特徴でもある。エリクソン（Erikson, 1968）の発達理論では、発達段階においてその時期特有の課題を解決することで次の段階に移行するが、それぞれの段階で課題の解決に失敗することは好ましくない特徴を示すと考えられている（同定の危機）。青年期や若年成人期では、他者とのかかわりにおいて自己を確立していくことが主要な課題としてあげられる。トモコはまだ大学生であり、自分自身の特徴を他者とのかかわりのなかで見つけ出していくことは、心理発達の観点からも必要なことである。しかし、この自己概念を明確にしたいという試みは、青年期のみにあるわけではない。自分のことを知りたいと感じる気持ちである「自己認識欲求」が、青年期のみならず、40代や60代でも高い割合でもたれていることが示されている（上瀬, 2000）。

　トモコは、この先の人生でも日記に自分のことをいろいろと書いていくかもしれない。それは自分自身をよりよく知るための行為である。そして、おそらくそこで書かれる内容は、その時に関わるまわりの人々からの影響によって、変わっていくだろう。

（西村　太志）

Episode 38

ついつい人と比べてしまう……

＊keywords ＊社会的比較理論　上方比較　下方比較　参照他者

> 　ミカは、大学入学当時、同じ大学にこれまでの友だちがおらず、大学で友だちができるかな、同じ学部の人たちに受け入れてもらえるだろうかと不安に思っていました。また、寂しかったのでフェイスブックを始めてみました。
>
> 　しばらくたったある日、最近友だちになった同じ学部のアオイと好きな芸能人について話したり情報を検索したりして遊んでいました。2人の好きな芸能人のインスタグラムが200万人に登録されていることを知り、すごいね、さすが芸能人だね、などとSNSの話で盛り上がりました。そこで、前から自分は友だちが多いのかどうか気になっていたミカは、アオイにフェイスブックの登録数をたずねてみました。ミカは35人ですが、アオイは80人だと教えてくれました。ミカは、自分は人気がないのかもしれないと自信をなくしました。家に帰ってからも、どうしたらもっと人から受け入れてもらえるのかと悩みました。
>
> 　次の日、ミカは講義室を見渡してみました。10数名で騒いでいる人たちがいる横で、同じ学部のユイがひとりで机に座っていました。自分は6人の友だちに囲まれています。ああ、私は友だちが多いとミカはホッとし、少し自信を取り戻しました。

■■■■解説：わたしたちは、自分の学力が知りたい時は模試の偏差値、自分の体型が気になる時はBMI（適正体重）、などの客観的な基準を用いることによって、自分自身の能力や正しさを評価することができる。しかし、そのような比較基準がないこともある。自分の主張は正しいのか、自分は人から受け入れられているのかなど、意見や能力を判断する時である。この時、人は社会的情報、つまり他者を用いて自己を評価している。このように、自分自身を評価する時における原理を理論化したのが、フェスティンガー（Festinger, 1954）の提唱した**社会的比較理論**である。この理論では、次のように説明されている。人間は、社会に適応するために自分自身の安定した・正確な評価を必要としてい

る。そのため、客観的な基準を用いて自己評価をしようとするが、そのような基準を利用できない場合、類似した他者と比較し自己評価を行う。

そして、自己と他者を比較することを社会的比較と呼ぶ。比較している内容において相手が自分より優れている場合、その社会的比較を**上方比較**と呼ぶ。一方、相手が自分より劣っている場合、**下方比較**と呼ぶ。ミカの場合、アオイとの比較が上方比較、ユイとの比較が下方比較となる。一般的に、上方比較によりネガティブな気分が生起し自尊心が低下すること、下方比較によりポジティブな気分が生起し自尊心が向上することが知られている。

ただし、他者であれば誰との比較でも意味があるわけではない。**参照他者**、つまり誰と比較するかは重要である。同じ学部・同世代・同性といったような類似した他者、言い換えれば同じ集団・カテゴリーに属する人であることが意味をもつのだ。ミカは芸能人の登録数を知った時に自信をなくすことはなかった。それは、ミカにとって、芸能人が参照他者としての価値が低かったためである。それに対し、同じ学部のアオイとの比較は自己評価に大きく影響したのである。

さらに、誰と比較するかは、評価する動機づけ（自己評価動機、p.110）によって異なることも知られている。自己評価を高めたい（自己高揚動機が高い）時は、下方比較ができる相手を選択することもある。否定的な感情や不安を取り除くことができるためである。自信をなくしていたミカは、大勢で騒いでいる学生ではなく、ひとりで座っているユイにあえて注目したのだ。また、上方比較が必ずしもネガティブな影響を及ぼすだけとは限らず、改善へのやる気（自己改善動機）をもたらすことも知られている。

（礒部　智加衣）

Episode 39 体育祭マジック

keywords 社会的アイデンティティ理論　内集団　外集団　自己カテゴリ
ー化理論　メタ・コントラストの原理

　サトコ、トモミ、ユミの３人は高校３年生。アルバム委員の３人は卒業ア
ルバムにどんな写真を入れるか話しあっています。目の前にはいろいろな場面
を写した写真がたくさん置かれています。

サトコ「あー、懐かしい。体育祭の時の写真が出てきたよ。うちら３人とも
　　　紅組だったね。」

トモミ「ホントだ。高校生活最後の体育祭で優勝できて本当に良かったよね。」

ユミ「そうだね。組対抗リレーの時は心の底から仲間のこと応援したし、紅組
　　　が一番になった時は本当うれしかったし。優勝が決まった時の興奮は今でも
　　　忘れないよ。」

サトコ＆トモミ「そうだね。私たちもそうだもん。」

サトコ「……。でも不思議と言えば不思議じゃない？」

トモミ「サトコ、どうしたの？　何が不思議なの？」

サトコ「だって、わたしたち普段はテストの点数で競争したり、私服のセンス
　　　について言いあったりしてるのに、体育祭の時は"紅組のひとり"として同
　　　じように考えて、行動してるじゃん。一生懸命応援することもそうだし、う
　　　れしいという気持になることもそうだし。普段は考えも行動もバラバラな
　　　のに。」

ユミ「たしかに、そう言われてみればそうだね。体育祭マジックかな。」

■■■ 解説："紅組のわたし"のように、自分が所属する集団や社会的カテ
ゴリー（国家が一例）の側面からとらえた自己認識を社会的アイデンティティと
いう。一方、"人見知りな性格である"というように、自分の性格や特徴など
の側面からとらえた自己認識を個人的アイデンティティという（p.103参照）（西
村, 2006; 山岸, 2011)。

　タジフェルとターナー（Tajfel & Turner, 1979）が提唱した**社会的アイデンテ**

108　　第４章　他者との関わりのなかの「わたし」：自己と他者

ィティ理論は、社会的アイデンティティの観点から集団間の葛藤関係や集団間行動を説明することを試みた。この理論では、(1) 人は肯定的な社会的アイデンティティ、すなわち自己価値を高めたり、確認したりできるような社会的アイデンティティを獲得し、それを維持することに努める、(2) 肯定的な社会的アイデンティティは自身が所属する集団（**内集団**という）とそれ以外の集団（**外集団**という）とのあいだで行われる、内集団にとって有利な比較に基づく、(3) 社会的アイデンティティが不満足なものである場合には、人は今所属している集団を去り、より肯定的な別の集団に入ろうとするか、所属集団をより肯定的なものに変えようと努める、と考えられている（柿本, 2001）。サトコたちにとって紅組は体育祭で優勝した、言い換えれば他チームとの競争に勝った集団であり、肯定的な社会的アイデンティティの源と考えることができる。もし紅組が最下位だったならば、彼女たちは "紅組としてのわたし" ではなく "他の集団の一員としてのわたし" という意識をもったかもしれない。たとえば、ユミが県下有数の強さを誇るクラブに所属しているならば、自分を "強豪クラブの一員" と強く思うということである。

　さらに、ターナー（Turner, 1987）は社会的アイデンティティ理論を発展させる形で**自己カテゴリー化理論**を提唱した。この理論は、その名の通り自己カテゴリー化、すなわち "所属集団や社会的カテゴリーの一員として自己を位置づける" という個人の認知プロセスに着目したものである。これにより、自己や他者に対する認知・判断・行動などにおいて変化が生じると考えられている。個人的アイデンティティが弱まり、社会的アイデンティティが強まるという認知の変化もそのひとつである。他の例として "内集団のメンバー同士の特徴が類似しているととらえる一方、外集団メンバーとのあいだにははっきりとした違いがあるととらえる" という**メタ・コントラストの原理**があげられる（柿本, 2001）。サトコたちが体育祭の時にお互いの違いを意識しなかったのは、この原理に基づき紅組の人々を似たものとしてとらえていたからだと考えることができる。

（中島　健一郎）

Episode 40　模試の結果のどこを見ますか？

＊keywords ＊自己評価過程　自己評価動機　自己高揚動機　自己査定動機
自己確証動機　自己改善動機　熟慮ー実行マインドセット

　　ハナ、サオリ、ミユキ、マイの４人は同じクラスの高校２年生。大学受験
を１年後に控え、そろそろ進学先を絞り込む時期です。４人は、担任の先生が
勧める系列の大学ではなく、別の地区の大学に進学しようと考えています。そ
こで一緒に予備校主催の模擬試験を受験しました。数日後模擬試験の結果が返
ってくると、４人はそれぞれ異なった反応をしました。
　　ハナは国語には自信があります。今回も１番良い点数で、ほかのみんなの
成績を聞いて、「ああ、国語の成績にはこれからも自信をもっていけるなあ」
と思いました。でも、ハナは世界史がとても苦手で、世界史の点数は誰にも聞
きませんでした。
　　サオリは心理学科を希望しています。志望校の欄に難易度が異なる３つの
大学名を書いたところ、難易度が高い２つの大学の合格可能性は非常に低く
示されました。この結果をサオリは淡々と確認し、今後の志望校を考えること
にしました。
　　ミユキは、普段から数学と物理が苦手で、今回の試験でもみんなのなかで１
番低い点数でした。しかしミユキは、その点数をみんなに見せて「やっぱり理
系学部は私には向いてないね。そう思わない？」と聞いてきました。３人は「そ
うだねえ、文系学部がミユキにはきっと向いているよ！」と答えました。
　　マイは、個々の科目の点数ではなく、結果の全体講評の「今後集中的に取り
組むべき教科」の欄に注目しました。模擬試験では日本史の点数が低く、日本
史の点数を伸ばすと志望校への合格可能性が高まるというアドバイスを見て、
日本史の参考書を帰宅途中に買いにいくことにしました。

■■■解説：試験の後の反応は４人とも異なるものであった。なぜこのよう
な違いが生じたのだろうか。このことを理解するために、**自己評価過程**と**自己
評価動機**について説明する。

自己についての知識構造である**自己概念**（p.103 参照）を変化させていく過程として、セディキデスとストルーベ（Sedikides & Strube, 1997）は自己評価過程を示している。自己評価過程とは、人が経験するさまざまな出来事に基づいて、自分自身の存在を強く意識し、これまでの自己概念を修正したりそこにあらたな情報を加えたりすることで、自己概念が社会的に変化していくことを意味する。4 人は、模擬試験の結果を確認するという場面に直面した。このような場面では、自分自身の情報にふれることで自分自身についての理解が変化しうると考えられる。

　この自己評価過程において重要な役割を果たすのは、自己を理解したいという動機である。これは自己評価動機と呼ばれ、**自己高揚動機、自己査定動機、自己確証動機、自己改善動機**の 4 種類をセディキデスとストルーベ（Sedikides & Strube, 1997）は指摘している。それぞれの内容は表 40-1 に示した。

　試験後の 4 人の反応が異なっているのは、結果のフィードバックを受けた際に、異なる動機が高まっていたからであると考えられる。ハナは、よい所をより高め、悪い所からは目を背けようとした。これは自己高揚動機のはたらきに

表 40-1　**自己評価動機の名称と内容**（西村, 2006 より作成）

動機の名称	定義	具体的な記述
自己高揚動機 (self-enhancement)	自己概念の肯定性を高めたり維持したい、ないしは否定的側面から防衛したいという欲求に関連した動機。	「自分のことを良く思いたい。そのためにはできるだけ悪い部分には目を向けたくない。」
自己査定動機 (self-assessment)	自己に関して、できるだけ正確な情報を得ることを求める動機。結果として自己にとって好都合になるか不都合になるかは考慮されない。	「自分のことをできるだけ正確に、ゆがみのない状態として知りたい。」
自己確証動機 (self-verification)	既存の自己概念と、新規の自己関連情報の一貫性を保持しようとする動機。否定的なものであれ、それが既存の自己概念を確証するものであるならば、必要とされる。	「自分の思っていることと同じことを言ってもらい、自分について確実な評価をしたい。」
自己改善動機 (self-improvement)	自己の能力や特性について、現状より改善し向上させたいという欲求に関連した動機。	「今の自分より良い状態になるようなことを知りたい。」

よるといえる。サオリは、自分の客観的な状態をできるだけ正確に知ろうとした。これは自己査定動機のはたらきによるといえる。ミユキは、理系が苦手であるということを自覚しており、そのことを周囲に同意してもらうことで理系が苦手な自分という知識をより強めようとした。これは自己確証動機のはたらきによるといえる。マイは現状より良い状態になるためのポイントを把握しようとした。これは自己改善動機のはたらきによるといえる。人は何かの出来事に直面した際に、必ずしも同じようにふるまわない。この理由として、自分に関連する情報に選択的に接触して自己理解しようとする心のはたらきが反映していると考えられる。

　ここまで4人の行動それぞれに異なる動機をあてはめて説明したが、実際には個人のなかで優勢な動機は変化するものである。特に、物事を決定する前と決定した後では優勢となる動機が異なることが指摘されている。

　ゴルヴィッツアーとベイヤー（Gollwitzer & Bayer, 1999）は、物事の決定前と決定後の心理状態の違いを説明するために、**熟慮－実行マインドセット**という2つの認知的枠組みを提示している。熟慮マインドセットは、なんらかの決定を行う前の認知的志向性である。複数の可能な選択肢から、その人の欲求や関心の実現可能性や望ましさなどを考慮し、実現可能な少数の選択肢に絞り込むことを促すものである。ここでは、ある目標を追求することと追求しないことのメリットとデメリットを考慮し、注意深く手持ちの情報を査定する必要がある。この熟慮マインドセット状態では、自己査定動機が優勢となりやすい。模擬試験を受ける際に、複数の志望校をリストアップし、どの大学の合格可能性がもっとも高いかを客観的に見極めようとする行動は、熟慮マインドセット状態の反映であるといえる。この状態では、みずからの欠点を知ることになるかもしれない情報であっても、偏りなく見ることが必要である。

　一方実行マインドセットとは、なんらかの決定を行った後の認知的志向性である。複数の可能な選択肢を考慮した後に、なんらかの1つの決定を行うならば、それが実現できるように、認知的な制約を加えることも必要である。受験校を決めた後は、その学校が自分の理想であり、自分がその大学で学ぶことが

いかに重要であるかといったように、決定は間違いではなく、きっと実現できると考える方が理にかなっている。この実行マインドセット状態では、自己高揚動機が優勢となりやすい。模試の結果をふまえて志望校を決定することで、決定後は実行マインドセット状態が優勢となる。実行マインドセット状態では、偏りがない情報を集めるというより、決めたことをより確実なものにする情報を集める方がよい。

　したがって、受験校決定後に別の大学のパンフレットなどを改めて開き、「やはりこっちの大学の方がいいのかな……」と思うことは、実行マインドセット状態を揺るがす可能性がある。そのことは、決定に迷いをもたらし、決定した目標達成には関与しない情報を集めることにつながってしまい、当初の目標に到達できない可能性が高くなる。志望校決定後は、受験を断念した大学の情報は見ないことが、決定した志望校の合格切符を獲得することに近づくかもしれない。

（西村　太志）

友だちの成功を喜べない……

＊keywords＊自己評価維持モデル　他者の成績　他者との心理的近さ　領域
の重要性　栄光浴現象

　　ユウは大学3年生。将来は得意の英語をいかして総合商社に就職すること
を希望しています。いつも一緒にいる同学年で仲の良い友人であるレンは海外
旅行に行くとユウに頼りきってしまうほど、あまり英語が得意とはいえません
が、やはり総合商社を目指しています。2人とも総合商社への就職活動を有利
に運ぶために TOEIC テストを受験しました。2人と仲の良い友人であるリクは、
将来は公認会計士になることを希望しており、こちらは簿記1級の試験を受験
しました。

　　さて、それぞれの試験の結果が出揃い、3人は久々に居酒屋に集まり近況報
告を行うことになりました。ユウは TOEIC で 900 点という高得点を獲得し、
早くこの誇らしい結果を2人に報告したいと思い、喜び勇んで会場の居酒屋
に向かいました。3人が集まり、まずはリクが、先日行われた簿記の試験で1
級になんとか合格できたと報告してくれました。ユウはその話を聞いて、心の
底からうれしい気分が湧き起こり、自分のことのようにリクの合格を喜びまし
た。次はレンの番です。話を聞く前にユウは「レンも最近頑張って英語の勉強
をしていたし、700 点ぐらい取れているかもなあ」と思っていました。とこ
ろがレンの TOEIC の結果はユウの予想をはるかに超えて、なんと 950 点でした。
レンもその結果に驚いている様子でした。それを聞いたリクは大喜びでした。
ユウは友人のレンがすばらしい得点を取ったことを喜ぶべきだと思いながらも
複雑な気分になり、「良かったじゃないか」と不自然な笑顔を浮かべるのが精
一杯でした。そして、自分の結果については「まだ結果が返ってきていない」
と嘘をついてしまいました。

■■■解説：なぜユウはリクが簿記の試験に合格したことは自分のことのよ
うに喜べたのに、レンが TOEIC で高得点を獲得したことを素直に喜べないの
だろうか。テッサー（Tesser, 1988）が提唱する**自己評価維持モデル**では、他者

の活動や成績が自己評価に影響し、結果として、友人の成功を誇りに感じたり、あるいは反対にそれに嫉妬したりすると説明している。

自己評価維持モデルでは、"他者の成績"、"他者との心理的近さ"、そして"領域の重要性"という3つの中心的概念をもとにさまざまな予測を行う。このうち、自己評価に強い影響を与えるのは、他者の成績が優れていて、他者が心理的に近い場合である。たとえば、リクが簿記の試験に落ちていたり、レンのTOEICの成績が芳しくなければ、ユウの自己評価が揺らぐことはない。また、リクやレンがユウにとってかかわりの深い、仲の良い友人であったからこそ、彼らの試験結果がユウの自己評価に影響を与えたのであって、かかわりの薄い他者がどれほど良い成果をあげたとしてもユウは誇りや嫉妬を感じることはないだろう。

以上のように仲の良い友人が優れた成績を収めた場合に自己評価は影響を受けるが、それが高くなるのか、反対に低くなるのか、そしてその結果として誇りを感じるのか、嫉妬を感じるのかは、領域の重要性によって異なる（図41-1参照）。友人が優れた成績を収めた領域が自分にとって重要な領域であれば、自分と友人とを否応なしに比較してしまう。そして友人の方が自分よりも優れていることから、自己評価が低下し、嫉妬という不快な感情を感じる。ユウに

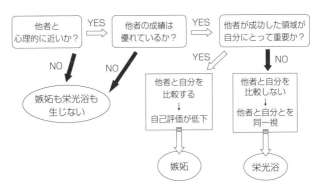

図 41-1　他者の成功に対する嫉妬感情と栄光浴現象の生起についての自己評価維持モデルからの予測
（Tesser, 1988; 谷口, 2006 より転載）

とって TOEIC の成績は重要なものであったため、レンと自分の成績を比較し、自分の方が劣っていることに直面せざるをえなくなり、自己評価が低下してしまったのである。

　それではユウが低下した自己評価を回復するためにはどうしたらいいのだろうか。それは、自己評価維持モデルの３つの中心的概念のいずれかを変容させる必要がある。つまり、以下の３つの方法が考えられる。①他者との心理的近さの変容：レンと距離をとるようにして、親しさの程度を下げる。②他者の成績の変容：レンの TOEIC の成績は変えられないので、TOEIC は英語能力を正しく測定できていないと思うようにする。③領域の重要性の変容：英語能力が高くても総合商社に入れるわけではないし、もっと大事なことはほかにあると思うようにする。

　ユウにとって簿記の成績は重要ではないため、リクと自分の成績を比較することはなく、自己評価も低下しない。かわりに自分とリクとの結びつきを強調することで、自分とリクとを同一視し、リクの簿記試験での成功をあたかも自分のことのように思うことで自己評価が高まる。このように、ポジティブな特性をもつ他者や集団との結びつきを強調することで、間接的に自分を好意的な印象で見てもらおうとする現象をチャルディーニら（Cialdini et al., 1976）は**栄光浴現象**と名づけ、興味深い実験を行った。回答者である大学生が、みずからが所属する大学のアメリカンフットボールチームとの結びつきを強調している程度を、"わたしたち（we）" という表現を使用するかどうかで測定している。す

表41-1　チャルディーニら（1976）の実験結果

		自分の大学のフットボールの試合結果	
		勝ち	負け
事前課題の成績	良い（５問正解）	24%	22%
	悪い（１問正解）	40%	14%

＊数字は "わたしたち（we）" を使った人の割合

　第４章　他者との関わりのなかの「わたし」：自己と他者

ると、勝ち試合の結果についてたずねた場合は、負け試合の結果について聞いた場合よりも、「先日の試合に"わたしたち"は勝利した」というように"わたしたち"の使用割合が高かった（表41-1参照）。また、このような勝ち試合と負け試合の結果を聞いた場合の"わたしたち"の使用割合の差は、回答者が事前課題において成績が悪く、自己評価が低下していた場合のみにみられた。つまり、事前課題での成績が悪く、実験者に対して悪いイメージを与えてしまったと感じた人は、数日前の試合に勝利した自分の大学のアメリカンフットボールチームとの結びつきを強調することで、みずからのイメージを回復しようとしたと考えられる。

　以上のようにユウが友人であるレンやリクの優れた成績に誇りを感じたり、嫉妬を感じたりしたのは、自己評価が低下することを防ぎたい、あるいは自己評価を高めたいという理由がその背後にあったと考えられるのである。

　今回のエピソードは友人の優れた成績に対してどのように感じるのかであったが、友人のことをどのように評価するのかについても自己評価維持モデルから説明できる。つまり、自分にとって重要な領域については、友人は自分より劣っており、自分にとって重要でない領域については、優れていると評価すると考えられる。磯崎・高橋（1988）は、小・中学生を対象にした調査を行い、このことを確認している。誰にも負けたくない科目については、親しいクラスメートよりも自分の方が学業成績が優れており、負けても気にならない科目については、親しいクラスメートの方が自分よりも優れていると評定していた。また、その傾向は女子よりも男子において顕著だった。さらに興味深い結果として、実際の成績もこの評定と同様の傾向を示していた。つまり、自己評価を維持するために友人に対して過大評価あるいは過小評価している面もあろうが、自己評価を維持することができるように友人選択を行っているとも考えられる。

（谷口　淳一）

Episode 42

恋人とのけんかのあとで……

＊ keywords ＊ 自尊心　状態自尊心　ソシオメーター理論　特性自尊心

　サキとソウタはつきあって半年になるカップルです。ある日、2人はデート中にけんかをしてしまいました。最初はささいな言い争いでしたが、徐々に相手の嫌なところを言いあうまでけんかはエスカレートしました。ソウタはサキに、「いつも自分の都合ばかりを優先させるところがいやなんだよ！」と言いました。それに対してサキは、「自分のしたいことをはっきりと言わないところが本当にいや！」と言い返しました。

　その日、2人は仲直りすることなく、そのまま家路につきました。サキとソウタは相手から自分の悪いところをはっきり言われたことを思い出すと、「自分はなんてダメなんだろう」とそれぞれ気分が落ち込んでしまいました。サキとソウタは、2人の関係のことと自分のことについてそれぞれ考え込んでいました。しかし、サキは、まだソウタのことが好きでした。「たしかにわたしには欠点もあるけれども、良いところはほかにもたくさんあるじゃない」、ともサキは思いました。そこでサキは、自分が悪かったところはソウタに謝り仲直りをしようと思って、ソウタに電話をかけることにしました。

　一方ソウタも、サキのことが好きで仲直りしたいと思っていました。でも、「自分には欠点ばかりで、良いところなんてないんだ」と自信をなくしていました。ちょうどその時にサキから電話がかかってきました。着信画面を見たソウタは、もう一度自分が責められたらどうしようと不安に思い、その電話にすぐに出ることはできませんでした。

■■■■**解説**：わたしたちは、自分自身のことを“良い”、“価値がある”と感じたり、“悪い”、“価値がない”と感じたりする。この自分に対する評価的感情のことを**自尊心**という。特に、経験した出来事によって短期的に変動する自尊心は**状態自尊心**と呼ばれる。なぜ、けんかの後で2人の状態自尊心は低下、すなわち「自分はなんてダメなんだろう」と思ってしまったのだろうか。

　リアリーたち（たとえば、Leary & Baumeister, 2000）によって提唱された**ソシオ**

メーター理論では、人の状態自尊心を、その時点で自分が他者から価値を認められているかどうかの指標と見なしている。ソウタやサキのように、人から自分の価値を認められない（たとえば、自分の悪いところを指摘される）という拒絶を経験すると、状態自尊心は低下する。一方、自分の価値を認められるという受容経験をすると、状態自尊心は上昇する。けんかの後に状態自尊心が低下したことによって、ソウタとサキは、相手が自分の価値を認めておらず、関係が危険な状態にあることを意識した。状態自尊心が低下することは不快な体験であるが、その体験のなかには他者と良好な関係を築けているかどうかに関する重要な情報が含まれているとソシオメーター理論では主張されている。

　では、状態自尊心の低下を経験した後の行動がソウタとサキで違ったのはなぜだろうか。けんかの後に家に帰ったソウタとサキは、おのおの葛藤を経験したと考えられる。相手と仲直りはしたいけど、相手にその気持ちを伝えてもまた拒絶されるかもしれない。その場合、自分の価値はさらに貶められることになる。このような葛藤場面において、相手が自分を受容してくれると信じることができれば、サキのように安心して関係修復を目指すことができる（仲直りのための電話をかける）。しかし、相手からまた拒絶されるかもしれないと思っていれば、ソウタのように自分が傷つくことを避けるため、相手と距離を置こうとする（電話に出るのを避ける）と考えられている（Murray et al., 2006）。

　他者からの受容を信じられるかどうかは、その人の**特性自尊心**によって決まる部分がある。特性自尊心とは、さまざまな場面で安定した個人の性格としての自尊心のことである。マーレーたち（Murray et al., 2002）の実験では、恋人が自分の価値を認めていないことを知った時、特性自尊心の高い人は、恋人との親密さを強めようとするのに対し、特性自尊心の低い人は相手との親密さを弱めることが示されている。特性自尊心が高いサキと特性自尊心が低いソウタは、相手からの受容を信じられるかどうかが異なったため、けんかの後の行動が違ったと考えられる。

（宮崎　弦太）

Episode 43 こころが痛い……

＊keywords ＊所属欲求　社会的排斥　社会的痛み　サイバーボール課題

　　タカシは大学1年生。通っていた高校とは別の県の大学に通うことになり、期待と不安が入り混じっています。大学にはタカシと同じ高校からの進学者はまったくいないため、新しい友だちをつくりたいと思っていました。

　　そこで、タカシはサークルに入ることにしました。高校で野球部に所属していたので、野球サークルに入りました。最初は緊張しましたが、同級生と先輩はすぐに受け入れてくれ、仲良くなれました。タカシはとてもうれしい気持ちになりました。

　　しかしある日、突然サークルのみんなが話しかけてくれなくなりました。タカシが話しかけても、無視されます。練習の時も、キャッチボールやノックでタカシのところにだけにボールがきません。理由はわかりません。タカシはいやな気持ちになり、こころがズキズキと痛みました。

　　その日の夕方、タカシは帰り道を歩いていました。「なんでみんなの態度が変わったのだろう？」「何か悪いことをしたかな……」そんなことを考えながら歩いていると、横断歩道で段差につまずき転んでしまいました。膝がすりむけてしまい、ズキズキと痛みました。

■■■**解説**：なぜタカシは新しい友だちをつくりたいと思ったのだろうか？また、仲間外れにされた時、タカシは本当に痛みを感じたのだろうか？

　人には安定的で良好な関係を他者と築きたいという基本的な欲求がある。これを**所属欲求**と呼ぶ（Baumeister & Leary, 1995）。タカシが大学で新しい友だちをつくろうとしたのは、所属欲求が高まっていたためだと考えられる。サークルの仲間に受け入れられたことによって、タカシの所属欲求は満たされたのだろう。

　一方、この欲求を阻むものの1つが**社会的排斥**である。社会的排斥は、無視されたり拒絶されたりすることにより、他者との関係が壊れる出来事を意味する。これまでの研究から、人は社会的排斥に対して敏感に反応することが示

されている。たとえば、見知らぬ相手やコンピュータプレイヤー、さらには嫌いな集団から排斥されたとしても、人は脅威を覚え、ネガティブ感情を抱くことが知られている（Williams, 2009）。**ソシオメーター理論**では、状態自尊心が相手から受け入れられているか排斥されているかをモニターする機能を担っていることを提案している（p.118 参照）。

　では、タカシが仲間外れにされた時に「痛い」と感じたのは、ただの「言葉のあや」なのだろうか？　それとも、本当に怪我をした時のように痛みを感じていたのだろうか？　他者から排斥された時や恋人との別れ・大切な人の死別を経験した時に「痛い」と表現することは、世界共通であることが指摘されている（Macdonald & Leary, 2005）。さらに、**社会的痛み**理論（Eisenberger & Lieberman, 2004）では、排斥された時の「こころの痛さ（社会的痛み）」と「からだの痛さ（身体的痛み）」は、同じように前頭帯状回背側部（dorsal anterior cingulate cortex: dACC）と呼ばれる脳領域で処理されることが提案されている。実際に、**サイバーボール課題**で仲間外れにされると（自分にだけボールが回ってこない）、dACC の活動量が増加すること、dACC の活動量は社会的排斥に伴う不快さ（社会的痛み）と関連することが報告されている（Eisenberger et al., 2003）。社会的痛みと身体的痛みがどこまで類似しているかについては、現在研究が進められている最中である。

　タカシが仲間外れにされた時に感じたこころの痛さは、単なる言葉のあやではないのかもしれない。こころの痛さとからだの痛さは似ているのだ。

（川本　大史）

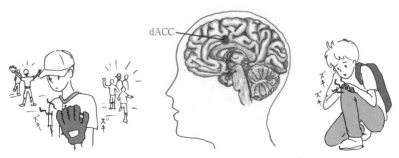

dACC

図 43-1　こころの痛みとからだの痛みのイメージ

Episode 44

わたしのこと、本当に好き？

＊keywords ＊抑うつ傾向　安心さがし　抑うつの対人理論　拒絶　自己成就予言

　ジュンコがトシとつきあって、そろそろ1ヵ月。でも、最近どうも彼の様子がおかしいのです。昨日の夜も、ジュンコが何かたずねても、どこか上の空でした。「わたし、何か悪いことしたかな？　誰かほかに好きな子ができたのかな？」と、嫌な考えがぐるぐると頭のなかをめぐります。ジュンコは、昔から物事を悪い方に考えがちなところがありました。テストで80点をとっても、「また、ケアレスミスをしてしまった。わたしはやっぱりダメだ」と落ち込みます。今回のことも、きっとそんなネガティブな考え方のせいで、気のせいだと思いつつ、やはりトシの気持が気になります。何日も悶々と考え、思い切って、トシにこう切り出しました。

　「わたしのこと、本当に好き？」。これに対して、トシは、大いに戸惑って、こう答えました。「え？　どうしたの？　何かあった？」そして、ジュンコの話をよくよく聞いてみると、完全な誤解であることがわかりました。トシは、最近家族のことで悩んでいて、そのことで頭がいっぱいになっていただけだったのです。「大好きだよ」というトシの言葉を聞いて、ジュンコはほっとしました。嫌われてなかったし、トシを失うこともありませんでした。

　その1ヵ月後、大学で、ジュンコは、トシが同じゼミの女友だちと楽しそうに笑いながら、歩いている様子を見かけました。「そういえば、最近、トシはあの子と仲がいい。どうしたんだろう。もしかしたら、浮気？　いや、そもそもわたしよりも、あの子のことを……」ジュンコはまた不安な気持ちでいっぱいになってきました。もう思い切って、今夜、トシに聞いてみようと思います。「わたしのこと、本当に好き？」

■■■ **解説**：このエピソードでのポイントは、「物事をネガティブにとらえやすい」というジュンコの特性である。このような特性を、ここでは**抑うつ傾向**としてとらえる。人は誰しも一時的にネガティブな気持ちになることはある（抑うつ気分）。しかし、それが長期間続き、考え方のくせのような状態になっ

てしまっている場合に、抑うつ傾向と呼ばれる。この傾向は、軽度うつとも呼ばれ、強いネガティブな感情や自殺願望を示すようなうつ病とは区別される。

　ジュンコは、抑うつ傾向が高い。さまざまな物事を否定的にとらえてしまう。トシの何気ない言葉や仕草も、「わたしを嫌っているのかも」と思ってしまう。彼女は悶々と考え続けて、トシに「わたしのこと、好き？」と聞いてみた。それに対して、トシは「大好きだよ」と答えてくれた。このやりとりは、恋人たちのあいだでよくある場面のひとつかもしれない。しかし、ジュンコは、1ヵ月後に不安になり、また「わたしのこと、好き？」とたずねてしまうのである。このように、恋人や配偶者に対して、自分のことを大切に思ってくれているかどうかをくり返し確認する行動のことを**安心さがし**と呼ぶ（長谷川, 2008）。コイン（Coyne, 1976）の**抑うつの対人理論**によると、抑うつ傾向の高い人は、恋人や配偶者などの重要な他者に対して、安心さがしを行うとされる。そのような安心さがしをされた場合、相手はどのように思うだろうか。トシは、はじめは「大好きだよ。愛してるよ」と答えてくれるかもしれない。でも、何度も、頻繁に安心さがしをされるにつれて、「ああ、うっとうしいな」と思ってしまうのである。そして、最終的に、ジュンコと疎遠になっていき、別れが訪れることになる。このように、抑うつ傾向の高い人の過度の安心さがしは、恋人からの**拒絶**を生じさせてしまう。この現象は、どんどんネガティブな状態に落ち込んでいく様子から、抑うつ者の下方らせん過程と呼ばれる。皮肉なことに、もともとジュンコはトシに対して、一方的に「わたしのこと、嫌いになったかも」と不安を抱いていた。その不安を払拭したいと思って、安心さがしを何度もしてしまった結果、最終的に、嫌われてしまう危険性を高めてしまっていたのである。このように自分で思い描いた予想を、みずから実現させてしまう現象のことを、**自己成就予言**（p.127 参照）と呼ぶ。抑うつは、物事をネガティブにとらえがちな、その人だけの問題だと考えられがちである。しかし、ここで示したように、抑うつ傾向の高い人は安心さがしという形でみずから他者に働きかけ、その結果、他者からうとまれ、抑うつ傾向を維持させてしまうという対人的な側面をもつのである。

（長谷川　孝治）

死を意識すると、不安になるのはなぜ？

＊keywords ＊存在脅威管理理論　文化的世界観　自尊心　価値基準

> 　タロウとヒロシは同じ高校に通う仲の良い友だちです。いつも授業が終わると、教室に残り、昼休みにあった出来事や昨日見たテレビの話、1ヵ月後に迫っている期末試験の話など、他愛のない話で盛り上がっていました。2人の外見的魅力や学力は同年代のそれと比べて平均的であるものの、それぞれの自分自身に対する価値観は大きく異なりました。日頃から、タロウは自分自身が価値ある存在であると信じ、肯定的にとらえていました。一方、ヒロシは自分自身に対する評価が低く、しばしば劣等感を抱くこともありました。
>
> 　ある日、2人が登校すると、担任の先生から急遽全校集会が開かれることを知らされました。全校集会では、同校の生徒数名が下校中に交通事故に遭い、命を落としてしまったことが伝えられ、全校生徒で黙祷を捧げました。その日も、授業が終わると、タロウとヒロシは2人で教室に残りました。会話内容はいつもと違い、朝の出来事について話しあいました。交通事故に遭った生徒のことを考えると、とても可哀想になり、悲痛な思いを抱きました。また、タロウが「普段あまり気にしていなかったけど、僕たちも、いつ、どんな状況で、死に直面するかわからないよね」と、ヒロシに話しかけたことをきっかけに、2人は自分自身の死について考えるようになりました。その後、最近の出来事など、他愛のない会話をしたあとに帰宅することにしました。タロウがいつも通り帰り支度をし始めているなか、ヒロシはどこか不安な気持ちに陥り、自分自身の人生に対して悲観的な感情を抱き始めました。

■■■**解説**：なぜ、ヒロシはいずれ死が訪れることを考えた後で、自分自身の人生に悲観的な感情を抱いたのだろうか。グリーンバーグらが提唱した**存在脅威管理理論**（Greenberg et al., 1986）では、人においてきわめて発達した高次の認知機能が、みずからの「死」を認識させると仮定している。人は過去の経験や蓄えられた知識に基づき、将来起こり得る出来事を想像し、予測することができる。たとえば、タロウとヒロシが1ヵ月後の期末試験を想像できることも、

この認知機能のおかげである。人がみずからの死を想像し、いずれ必ず死を迎えることを認識できるのも、この機能をもつからである。この死の自覚は、命の儚さを痛感させるものであり、心理的な活力を大きく損なう。したがって、ヒロシの人生に対する悲観的感情は、死という避けられない脅威の認識から生じたものと考えられる。

　一方、タロウのように、死の脅威による影響が少ないケースもある。実際に、多くの人は死という現実を知りながらも、日々の生活を幸せに送っている。この点について、存在脅威管理理論は、人が作り出す**文化的世界観**（集団で共有された価値観）と、その世界観で培われた**自尊心**（p.118 参照）の機能に着目する。文化的世界観は、世界に意味や秩序、永続性をもたらすため、その世界観を内在化することで、人の命の儚さに打ち勝つことが可能になる。たとえば、「生前善い行いをした者は天国に行ける」といった考えは、死後の世界を仮定した永続性の例ともいえる。ただし、このような世界観の多くは、個人が内在化しているだけでは機能せず、その世界観の**価値基準**を個人が満たすことで機能する。先の例でいえば、「善い行いをした者」がこれにあてはまる。その価値基準に従って、自分を価値ある存在であると信じることが、死の脅威の克服に必要であるという。このような考え方に基づくと、ヒロシと比べてタロウに死の脅威の影響が少なかったことは、タロウが高い自尊心をもつことで死の脅威の低減が実現されていたためと考えられる。事実、ラウトレッジら（Routledge et al., 2010)が行った実験で、実験参加者に自分自身の死を想像させた後では、自尊心の低い参加者は人生に対する満足度や活力が低く、自尊心の高い参加者ではそのような低下が認められなかったと報告されている。これらは、存在脅威管理理論によって提唱される自尊心の機能を支持する結果である。

（柳澤　邦昭）

Episode 46

なりたい自分になれる？

＊keywords ＊自己成就予言　ピグマリオン効果

　アイは子どもの頃から地味で目立たず、周囲からは陰で「地味子」と言われる存在でした。ある日 TV を見ていると、最近注目のアイドルグループの番組が放送されていました。番組を見たアイはとても引き込まれ、ふと「自分も彼女たちみたいになれる！」と思い、オーディションに応募しました。しかし結果は不合格でした。アイの履歴書にはぼさぼさ髪でノーメイクの写真が貼ってありました。

　けれども、アイはあこがれを失いませんでした。まずは外見から変えようと思い、クラスのファッションリーダーのハルコに「どうしたら目立つようになるかな？」と相談しました。恥ずかしいので、アイドルを目指していることは伏せて、当たり障りのない最近の話題に含めて聞いてみました。ハルコ自身は「キレイ系」のファッションを好んでいますが、アイの話を聞いているうちにハルコの頭には「アイドル」のイメージが頭に浮かび、アイには自分と同じ「キレイ系」ではなく「カワイイ系」のファッションを勧めました。

　次のオーディションでアイは、ファッションに気をくばった写真をつけて応募し、無事書類審査は通過しました。しかし、その後ダンスや歌の実技審査で不合格となりました。けれども、書類を見た総合プロデューサーのユウジ先生が「この子は化けるかもしれないな」と直感的に思い、次のオーディションでは他の応募者より長い時間実技審査を行いました。オーディションを重ねるうちにアイは少しずつ手応えを感じていました。そしてアイは 10 回目のオーディションでついに合格し、念願のアイドルになりました。

■■■■**解説**：「願えば叶う」という言葉がある。自分自身に対して抱く期待や予期が、結果として現実となるということである。アイドルという夢が実現することは誰にでも起こるわけではないが、もう少し小さなことであれば、似たような経験がみなさんにもあるかもしれない。「人が何かしらの予期をもった場合、その頭のなかの予期が、人の行動を予期に見合うような方向に導いて

　第 4 章　他者との関わりのなかの「わたし」：自己と他者

しまい、結果として当初の予期が現実のものとなる」（金政, 2006）ことを、**自己成就予言**（p.123 参照）という。

　この自己成就予言のポイントは、当初の予期が「思い込み」であることにある。すなわち、確固たる自信や根拠をもって目標に達するということではなく、最初はあくまでも予期や予想といった不確実なものであり、それが現実になるという点である。これは単なる個人的な目標達成のみならず、より大きな社会問題に発展することもある。実際、黒人に対する偏見（黒人は労働組合の運動を阻害するだろうという根拠のない白人の思い込み）から実際に不利益が生じてしまった（労働組合に参加できないために、結果として賃金が上がらず不利益を被り続ける）という例もある（Merton, 1957；村上, 2009）。また恋人同士のコミュニケーションでも、女性が他者から拒否されていることへの敏感さ（拒否感受性）が高いと、話しあいの際に相手に対するネガティブな行動が高まり、その結果話しあいの後に相手の怒りを増長させることが示されている（Downey et al., 1998）。

　また、自己成就予言はみずからが予期したことが実現する効果のみならず、他者からの働きかけによって成立することも知られている。これは、**ピグマリオン効果**（教師期待効果）（Rosenthal & Jacobson, 1968）といわれる現象である。ある生徒について、近い将来学習能力が向上すると教師に伝えられると、実際の資質とは関係なく、その生徒の成績が向上するというものである。

　先の例に戻ると、アイの最初のアイドルになれるかもという予期は、現実的ではない思い込みであったといえる。しかし、みずからその予期にそって情報を選択的に集め、アイドルにふさわしい外見や行動が身についたといえる。またアイがハルコに相談した時、直接アイドルになりたいとは伝えていなかった。しかし、アイのアイドルへの関心が会話などに自然に含まれ、結果それを聞いていたハルコの頭に「アイドル」のイメージが浮かんだと考えられる。また、ユウジ先生がアイのオーディション時間を意識せずにのばしていたのは、ピグマリオン効果の一例ともいえる。

（西村　太志）

この本をもっと活用するための手引き
各自のエピソードをグループで考える

　各自が考えたエピソードは、3〜5人程度の少人数のグループで発表してみましょう。発表の形式は、作成したエピソードを全員に配布して読み上げる形がよいでしょう。事前の講義で、ある程度用いる理論や知見を統一していますので、似ている内容があるかもしれませんが、気にせずに発表をしてみましょう。特に自分がこだわった部分などを補足して発表できると、より完成度が高くなります。

　グループ全員が発表したら、それぞれが作成したエピソードを評価してみましょう。評価シートを作っておくと円滑に進みます。評価シートは、以下のような基準を設けておくと評価しやすくなります。各10点満点で評価してみましょう。

　　1. エピソードは、わかりやすかったか。
　　2. エピソードは、面白いものだったか。
　　3. エピソードは、社会心理的理論や知見を的確にふまえているか。

　各々の評価は集約し、誰のエピソードがどの基準で高評価だったかを把握しましょう。もちろん、特に基準を決めずに、メンバーで議論をする形でも構いません。

　グループ全員の発表と評価、議論が終わったら、どのエピソードを基本においてグループプレゼンに臨むかを議論し、決めましょう。最終的には、グループ皆でエピソードを作って発表します。なお、受講生の数が少ない場合などは、各々のエピソード評価と総括（教員の講評など）で終了しても構いません。

（西村　太志）

第5章

親密な関係から生じる葛藤と適応：
対人関係と健康の視点

　他者とのかかわりは、人にさまざまな影響を与える。支
え、支えられる場としてポジティブな影響をもつこともあ
れば、傷つけ、傷つけられる場としてネガティブな影響を
もつこともある。これらの影響は、他者からの孤立によっ
て個人に自覚されるものでもあれば、社会や地域全体を見
渡すことではじめて見出されるものでもある。また、人は
単に影響を受けるだけの存在でなく、その影響をみずから
変えようともする。直接的に問題を解決しようとすること
もあれば、相手をためすような形で間接的に変えようとす
ることもある。第5章では、これら親密な関係のもつ機
能を紹介しよう。

Episode 47

聞いてくれるだけで、力になる

＊keywords＊ソーシャルサポート　道具的サポート　情緒的サポート　ストレス

　大学で講師として働くタカシは 40 代にさしかかったばかりです。同じ年代で別の大学に就職した知り合いには、講師よりも高い職位である准教授として働く者もけっこういます。先日、ついに他大学の後輩に教授になった者がいるという話を耳にし、タカシはがっかりしています。ゼミ生の指導や大学での講義、大学運営に関する仕事いずれも精力的にこなしてきたのに、なかなか報われません。最近は帰宅するたび「自分にはこの仕事が向いてないんじゃないか」、「ほかの職場に移った方がいいのではないか」といった愚痴を妻にこぼすようになりました。妻はそのたびに「大変だよねえ」と相づちを打ち、時には手を止めじっくり話を聞いてくれます。これといったアドバイスをもらえるわけではないのですが、大学で昇進できないつらさをわかってくれているようです。一通り妻に話を聞いてもらえると、タカシは少し気が楽になり、前向きになれます。

　ある日、タカシが自宅のパソコンで調べごとをした際、偶然、過去の検索履歴に「大学　万年講師」という文言のあることを知りました。まだ文字を打てない 2 人の子どもが検索することは到底無理なので、妻が検索したとしか思えません。タカシはこれまで大学における職位の違いについて妻に説明しないまま愚痴っていたので、この業界に縁遠い妻にはあまり話が理解できず、タカシに内緒で調べていたのでしょう。「妻はよく自分のことをわかってくれている」とタカシが思えていた背景には、こうした妻の見えない優しさがあったわけです。タカシはつくづく結婚してよかったと思いました。

■■■■**解説**：タカシのような出世や仕事に関することでなくても、普段生活するなかで、自力ではどうしようもなさそうな出来事に遭遇し、非力な自分を思い知らされ、うつうつとした気持ちになることがある。この状態が長期的に続くことは、心身に不健康をもたらしかねない。こうしたストレス状況下では、

身近にいる人がそれを乗り越えるための手助けをしてくれることもしばしばある。このような手助けのことを広く**ソーシャルサポート**という。

　「手助け」と聞くと、具体的に問題を解決するためのアドバイスをくれたり、場合によっては物やお金といった物理的資源を提供してくれたりといったことが思い浮かぶかもしれない。もちろん、このような**道具的サポート**も人がストレス状況を切り抜ける上で役立つ。しかし、それだけでなく、ただ愚痴を聞いてくれたり受け入れてくれたりするだけでも、前向きな気持ちになれたり、「なんとかなりそうだ」と感じられたりするようになり、状況をうまく切り抜けやすくなる。この**情緒的サポート**も、人が**ストレス**によって心身の健康を損なわないための重要な資源となるのである（Dakof & Taylor, 1990）。

　では悩みや問題を抱え困っている人を前にした時、どのような形でもサポートさえしてあげれば相手の役に立つだろうか？そうではない。なぜなら、サポートには受け手を逆に傷つけてしまう副作用があるからだ（Bolger & Amarel, 2007; Bolger et al., 2000）。人から手助けされていると意識すると、申し訳ない気持ちになり「早く恩返ししなければ」と考えてしまったり、「こうして人から助けられなければいけない自分は本当にだめな人間だ」といっそうふさぎこんでしまったりする可能性がある。したがって、誰かにサポートを提供する場合、このような副作用が生じないように注意する必要がある。受け手に負担や自責の念を感じさせないような「あからさまではない」サポートを届ける必要があるのだ。もし妻がタカシの愚痴を聞くために多くの時間を割きさまざまな事情について調べていることを、タカシが前もって知っていれば、話を聞いてもらうことで申し訳ない気持ちになったり自分の至らなさを感じたりしたかもしれない。人をサポートすることには、受け手にこのような副作用をもたらす可能性があるのだ。そうならないためには、タカシの妻のようなさりげない手助けが有効で、それによって狙い通りのサポーティブなはたらきがみられるのである。

（相馬　敏彦）

Episode 48

あなたがいるから交友が広がる

＊ keywords ＊ シャイネス　ネットワーク　社会的代理人

　大学院生のコウジは知らない相手と話すのが苦手です。同じゼミのような仲間うちでは、おとぼけキャラとして人を笑わせるのが得意ですが、あまり知らない人の前に出ると、相手から自分が悪く思われないかが心配で、いつもの調子では話せないのです。当然のことながら、そんなコウジにはゼミ以外での知り合いができません。ある時、たまたま研究会で知りあった別の大学の教授に「研究者というものは学外の研究者とも腹を割って議論できてこそ一人前なんだ」と諭され、自分にはうまくできそうにないことに悩んでいました。しかし、この悩みは同じゼミにマサノリが入ってきて一気に解決しました。マサノリは、あまり人を笑わせたりすることはありませんが、誰とでもすぐに打ち解けることができました。同じゼミの人とはもちろん、学外の研究者ともすぐに顔見知りになるマサノリの存在は、コウジにとっても心強いものでした。学会でも、マサノリと一緒に行動すれば、あまり不安な気持ちにはならず、リラックスして話せたからです。コウジのつまらないボケにもさりげなく突っ込んでくれるマサノリがいることで、コウジもしだいに学外にも顔見知りができるようになりました。

　そんなコウジも結婚し、子どもが産まれました。コウジの妻は引っ込み思案なところがあり、子育てに忙殺されると、子どもと家に引きこもりがちになりました。そんな妻をみて、コウジは自分がマサノリに助けてもらったことを思い出し、子育てのサークルや、自分の知り合いなどを紹介したりすることにしました。今度はコウジがマサノリと同じ役割を果たしています。

■■■**解説**：コウジのように、あまり知らない相手の前では、相手から悪く思われていないかが心配でうまくコミュニケーションをとれない人がいる。このようなシャイな人にとって、人づきあいの**ネットワーク**を広げるのはなかなか大変である。特に、大学に入学したての時のように、これから新しい人間関係を築いていかなければならない場合、シャイな人は尻込みしうまく関係を築

くことができない。ところが、いくつかの調査によると、シャイな新入生でも半年から1年ほどたつと、シャイでない人と同じくらいたくさんの友人関係をもつようになることがわかっている（e.g., Souma et al., 2008）。どうして、このようなことが起きるのだろうか？

　この問題を考える上で重要な役割を果たすのが、マサノリのような他者の存在である。コウジのようなシャイな人であっても友だちや知り合いがまったくいないということはあまりない。同じゼミだからとか、席が近かったからとか、状況の力や運によって誰かと知り合いになることはシャイな人にも起こりうるからである。コウジにとってのマサノリは、まさにそうしてできた、わずかにいる友人や知人の1人であった。そこで、コウジは社交的な場にマサノリを伴うことで、シャイな人に特有の心配や不安をあまり感じずに、知らない相手とも仲良くなることができ、人間関係のネットワークも広げることができた。マサノリという、いわば社交場において代理人となってくれる人物が身近にいることで、シャイなコウジも社交的にふるまったり、人づきあいを広げたりすることができたのである。ブラッドショー（Bradshaw, 1999）は、シャイな人にとってのこのような人物を**社会的代理人**と名づけている。

　このことから、人前で心配や不安をもちがちなシャイな人も、人づきあいのネットワークを広げられないと悩む必要はないといえる。身近にいる社会的代理人を見つけ出し活用することができれば、シャイな人もそうでない人と同じようにいろいろな人と親しくなることができるのである。大事なことは、ネットワークを広げようとすることよりも社会的代理人となりうる相手に社交的場面での援軍を依頼し、応じてもらうということである。この社会的代理人が効果を発揮するのは、大学や会社に入ったときなどに限定されるわけではない。近年子育て期の女性を対象として、夫や旧友が社会的代理人として女性の社会的ネットワークの維持に効果があることを示す研究も行われている（西村ら, 2018）。他者をうまく活用することは、自分自身の人付き合いの維持や拡充にもつながるのである。

（相馬敏彦・西村太志）

Episode 49　人と人とのつながりがもたらすもの

＊keywords＊信頼　互酬性規範　社会関係資本　結束型 SC　橋渡し型 SC

　　リュウジは大学 3 年生です。就職のことを先輩である社会人 2 年目のショウタに相談しました。リュウジはたずねます。「先輩、先輩の仕事ってどうなんすか？」ショウタは答えます。「そりゃ大変だよー、売り上げノルマあるし、上司は厳しいしなぁ。」リュウジは少しビビッて「社会人になりたくないなー、学生のままがいいなぁ」とこぼしました。すると、ショウタは「いやいや、職場では、みんなといろいろ助けあって団結するから、ノルマ達成した時はみんなで大喜びするよ。それに、俺、息抜きに、会社とは関係ないフットサルサークル入ったし」と言いました。リュウジはびっくりし「え、先輩、フットサルしてるんですか！？」と発言しました。すると、ショウタは「やっぱり、仕事ばかりだと息が詰まるからさー、それに、フットサルサークルで、いろんな人と知りあうことできたよ。それに、彼女できたしな！」と自慢するのです。それを聞いたリュウジ、「まじっすか、彼女さんかわいいんですか？　写真見せてくださいよ！」と言い出しました。ショウタが「いやいや、お前、今日は仕事の話を聞きにきたんじゃなかったの？」とつっこむと、リュウジは「そうっすね、ところで、社会人で大切なことって何すか？」と、たずねました。ショウタは「うーん、そうだなぁ、やっぱり仕事はきちんとやること、仕事は信頼関係で成り立っているからね。あと、仕事関係以外で人間関係もっておいた方がいいよ、息が詰まるからね」と言いました。それを聞いたリュウジ、「へぇ、いいこと言いますね、先輩！」ショウタは「こいつ、お調子者だから、大丈夫かなぁ」と心配でたまりません。

　　■■■解説：社会や集団にみられる人と人とのつながり（ネットワーク）、つながりのある相手に対する信頼、そして、つながりのなかにあるルール（例　お互い様のルールである互酬性規範など）を社会関係資本（Social Capital：以下 SC）という（e.g., Putnam, 2000；稲葉，2011）。ここでは 2 つの SC の類型を紹介する。

　　1 つ目の SC の類型は、結束型である。メンバー間の信頼、メンバー内での互

酬性規範といった要素で構成される SC を結束型 SC という（Putnam, 2000）。私たちの多くはなんらかの組織に所属しているが、程度の違いはあれその組織の多くに結束型 SC の要素がある。ショウタの発言をみると、会社の同僚との仲が良く、お互いに信頼したり、助けあったりしているようだ。このことから、ショウタの勤めている会社は結束型 SC が根づいていると考えられる。

　2つ目の SC の類型は、**橋渡し型**（Putnam, 2000）である。「世の中のほとんどの人たちは信頼できる」といった一般化された信頼、「情けは人のためならず」といった言葉に代表される開かれた互酬性規範によって橋渡し型 SC は構成される。個々人がもともと所属している組織を超え、いろいろな人々と自発的に、ゆるやかな関係によって築かれた SC である。ここでは、ショウタの所属するフットサルサークルが具体例としてあげられよう。

　SC はその特質によりさまざまな影響を人や社会にもたらす。たとえば、結束型であれば関係のなかでの健康増進効果（カワチ, 2013）がある。つまり、自然災害や貧困などの不利な状況にかかわらず、地域の結束力や人との絆を強めれば、住民の安全と健康を保ちやすくなる。また、転職などの課題解決、福祉向上、犯罪軽減といった効果など多岐にわたる効果も指摘されている（稲葉, 2011；Putnam, 2000）。たとえば、犯罪軽減に目を向けると、地域における社会参加やつきあい・交流が多いほど、刑法犯の認知発生件数が低くなることが確認されている（内閣府国民生活局, 2003）。しかし、その固定的な関係による負の影響もある。たとえば、個人の行動の制限や価値観の固定化がある。また、交流がうまくいかない場合、つまり相手との仲が悪い場合などでは、その相手がストレス源となり、健康に悪い影響をもたらす（カワチ, 2013）。

　橋渡し型 SC は、さまざまな関係性からの情報獲得に基づく影響があることが指摘されている（浦, 2005）。たとえば、あらたな情報獲得によりこれまで解決できなかった問題を解決できる。翻って、その獲得のためのストレスや葛藤が起こることが懸念される。また、入るのも抜けるのも容易なゆるやかな関係性で構築されているため、必要な情報を得たら逃げてしまう者（フリーライダー）の存在が社会や集団全体での問題となりやすい。　　　　**（古谷　嘉一郎）**

Episode 50　ノートを貸す？　貸さない？

＊ keywords ＊援助行動　キティ・ジェノヴィーズ事件　傍観者効果　多元的無知　責任の分散

　　ある朝、大学生のダイスケは1限目の講義を受けていました。近くの席で他の学生たちが「一部の電車が運転を見合わせて、けっこう遅れているらしいよ」とこそこそ話しています。講義が始まって40分ほどたった頃、何人かの学生が遠慮気味に教室へ入ってきました。ダイスケの友人であるトモヒトも入ってきて隣に座りました。トモヒトは小声で「もうほんと大変だったよ」と言いながら電車の遅延証明をダイスケに見せました。50分遅れとなっています。ダイスケは「ついてないな」とそれを返しました。講義が終わった後、トモヒトはダイスケに講義のノートを貸してくれるよう頼み、ダイスケは快く貸しました。

　　約1ヵ月後、ダイスケは同じ講義の最後の回を受けていました。ダイスケはぼんやり「来週は試験……ノートはしっかりとってあるから大丈夫だろう」と考えました。一方、トモヒトは最近夜遊びが多く、よく講義に遅れてきます。この日もトモヒトはまだ来ていません。今日は、他に遅れてきた学生はいないようです。講義が始まって40分ほどたった頃、トモヒトは教室に入ってきてダイスケの隣に座りました。トモヒトは小声で「もうほんと大変だったよ」と言いながら電車の遅延証明をダイスケに見せました。10分遅れとなっています。講義後、ダイスケはトモヒトにノートを貸しませんでした。トモヒトは怒り出し、ダイスケの胸ぐらをつかみました。ダイスケは困惑しました。まわりには何人もの学生がいましたが、誰も止めには入りませんでした。結局、トモヒトはつかんだ胸ぐらを離し、「別にノートくらい……わかった、もう頼まない」と言って教室を出ました。

■■■ 解説：ルドルフら (Rudolph et al., 2004) はこれまでの多くの研究から、援助するかどうかの判断には、援助を必要としている人間の「責任」が影響していることを明らかにした。援助を必要としている人にとって状況のコントロールが困難であった場合は責任がなかったと判断され、同情により援助されや

すくなるのである。一方、本人に責任があると判断された場合、怒りの感情が生起し、**援助行動**がやや起こりにくくなることも示されている。トモヒトが最初に遅刻した時は本人ではどうしようもなかった状況であるといえる。しかし、後半の場面での遅刻は、電車が遅延していなくても30分ほど遅刻していたと考えられる。その分の遅刻の責任はトモヒトにあるといえる。

　さて、今回のエピソードには、援助行動が見られても良いはずの場面がもう1つ含まれている。それはダイスケがトモヒトに胸ぐらをつかまれて困惑していた場面である。この時、まわりには何人もの学生がいたのに、なぜ誰もダイスケを助けなかったのであろうか？これと同様の問題について、1964年にニューヨークで起きた**キティ・ジェノヴィーズ事件**がきっかけとなって研究が始まった。この事件は、キティ・ジェノヴィーズという女性が真夜中に暴行され殺害されるという痛ましいものであった。この時に問題となったのが目撃者の存在である。多くの目撃者がいたにもかかわらず、誰もキティ・ジェノヴィーズを助けようともせず、通報すらしなかったというのである（ただし、この事件の報道については、後にいくつかの疑問点も報告されている）。

　この問題について、当時、都市化に伴って他者への関心が薄れたのではないかといった解釈がなされた。しかし、ラタネとダーリー（Latané & Darley, 1970）はまったく異なる解釈を提案し、実験によってそれを検証した。それは、周りに何人もの人がいるからこそ助けないという**傍観者効果**の提案である。ラタネとダーリーによれば、傍観者効果には**多元的無知**（p.163参照）と**責任の分散**が関わっている。多元的無知とは、お互いがお互いの出方を見るために誰も動かない状況である。誰も助けないということは、自分が思ったほど大変な状況ではなく、助けようとするとかえって大袈裟になるかもしれない……と援助をためらってしまうのである。次に責任であるが、ここでの責任は先述の援助を受ける側の責任ではなく、援助をする側の責任であり、責任の分散とは、多くの人がいることにより誰が助けるべきか曖昧になることを指す。誰かが助けるべきなのだろうけど、その誰かは自分なのか……と援助をためらってしまうのである。

（松本　友一郎）

Episode 51
ひとりぼっちの連鎖

＊keywords＊孤独感　孤独への感受性　自己制御　ネガティブな予期

　ある夏の夕方、トモヒトはひとりでぶらぶら公園を歩いていました。もっとも、トモヒト本人はぶらぶら歩いているつもりですが、はたから見ればとぼとぼという方がふさわしいような歩き方でした。日が暮れかかり、人はまばらです。トモヒトは自分が世界から疎外されているような気がしました。夕方だから人がまばらなのは当たり前ですが、トモヒトにはそう思えません。

　トモヒトをこのような気分にさせている原因は他人からみればささいなことであるかもしれません。発端は本当に小さなことでした。朝寝坊の多いトモヒトはよく友人のダイスケから１限目の講義のノートを借りていました。また、ダイスケも当初はノートを快く貸してくれていました。しかし、その講義の最後の回に遅刻した時、ダイスケは「ノートは貸さない」と言ったのです。それだけといえばそれだけなのですが、トモヒトにはそれがこたえました。トモヒトは「別にノートくらい……わかった、もう頼まない」と言って教室を出ました。

　さらに良くないことには、トモヒトはダイスケについての愚痴を何人かの友人にあれこれ話しました。しかし、そもそもトモヒトが夜遊びをして朝寝坊をくり返していたにもかかわらず反省しなかったのが原因で、友人はみんなそれを知っていたため、全員がダイスケの肩をもちトモヒトには逆にダイスケに謝るよう勧めました。友人はトモヒトとダイスケの関係を早いうちに修復するためにそう勧めたのですが、トモヒトは誰も自分の味方をしてくれないと受け取りました。普段、みんなと遊んだりくだらない話をしたり、そういう時はトモヒトももう少し素直ですが、なぜかこの時はそうなれませんでした。

■■■■解説：普段はもう少し素直なトモヒトがなぜこの時は素直に友人の助言を受け入れられなかったのであろうか？　これが孤独感の落とし穴である。

　まず、孤独感とはどのような概念か考えたい。人間はひとりでいると必ず孤独感に苛まれるのであろうか？　スナフキンのように、むしろひとりの方が好

きという人もいる。そうではなくとも、普段はみんなといたいが、たまにはひとりもいいなと思う場合がある。また、多くの人に囲まれて暮らしながら孤独感にも包まれているという人もいる。つまり、孤独感とは本人の感じ方しだいであり、どのような関係を欲するかということが関わっている。

　孤独感は健康などとの関連も指摘されており、心理学だけでなくさまざまな分野で研究されている。カシオポとパトリック（Cacioppo & Patrick, 2008）はそれらの関連する分野の知見を統合し、孤独感について以下の3点を指摘している。1点目は、他者とのつながりを求める程度は人それぞれであり、**孤独への感受性**には遺伝と環境による個人差がみられるということである。2点目は、人間は孤独感に苛まれると自分で自分を制御できなくなるということである。トモヒトがいつものように素直にみんなの助言を受け入れられないのはこのためであると考えられる。また、人間関係における**自己制御**だけではなく、たとえば、健康に気を使わなくなったり、注意力の低下により失敗が増えたりというようなネガティブな影響が生じるともいわれている。3点目は、自分や他者の見え方が歪んできて、他者から自分に向けられる反応について**ネガティブな予期**をしてしまうということである。このような疑心暗鬼は他者にとって不快であるため、結果として予期した通りのネガティブな反応を他者から引き出してしまう。つまり、孤独感に苛まれると、みずから孤独感を再生産するループに巻き込まれていくということである。

　上記3点をふまえると、実はトモヒトの災難は始まったばかりでこれからだんだんと深みにはまる可能性がある。では、トモヒトはどうすればよいのであろうか？　この点について、カシオポとパトリック（Cacioppo & Patrick, 2008）は興味深い提案をしている。孤独を感じたらほかの誰かに優しくするとよいというのである。相手は誰でもよいし、見返りがなくてもかまわない。自分を犠牲にするほど大袈裟なことである必要もない。実は、人間は誰かを援助するとポジティブな気分になるというデータがある。寂しい時こそ誰かに優しく。それで自分や他者、他者との関係が少し良い方向に見えるかもしれない。

（松本　友一郎）

Episode 52

人づきあいは疲れる？

＊keywords＊ストレス　対人葛藤　対人過失　対人摩耗　期待外れ　コーピング　先行焦点型感情制御　反応焦点型感情制御

　ダイスケはぼんやり考えていました。最近どうも友人であるトモヒトとの関係が良くありません。試験勉強をしようと思って図書館に来たのですが、なかなかはかどりません。しかたがないので、トモヒトとどこでどう気まずくなったのか順を追って整理してみることにしました。

　「まず、トモヒトはいいかげんなところがある。特に気になるのは朝の講義だ。自分の夜遊びで寝坊して1限目に遅れてくるのにノートを貸してくれと当然のように言う」と思い出し、ダイスケは少しイラッとしました。ただ、トモヒトは悪い人ではなく、仲は良いので、ダイスケはなんとなく納得はいかないもののあまり気にせずノートを貸し続けていました。この時点では、それでも「まあ、いいか」と思っていました。問題は最後の回の講義です。いつも通りの寝坊であるのに、トモヒトがつまらない言い訳をしたのが癪に障ったのです。だから「ノートは貸さない」と珍しく強い調子で言ってしまったのだとダイスケは気づきました。

　後から考えるともう少し別の言い方があったのかもしれないとも思います。ほかの友人は「お前は悪くない」と言ってくれますが、どうにもすっきりしません。こうなってくると、どっちが悪いという問題でもない気がしてきます。ただ、またいつものようにくだらない話とかができたらなぁと思います。

　そこまで考えたところで、ダイスケはいつの間にか向かいの席にトモヒトが座っているのに気づきました。トモヒトはダイスケが愛飲している缶コーヒーを渡しました。ダイスケは言いました。「飯食いに行こうか」

■■■**解説**：人間関係における**ストレス**はなんとも厄介なものである。橋本（2005）はこれを**対人葛藤、対人過失、対人摩耗**の3つに分類している。対人葛藤は、他者からのネガティブな態度や行動に関する内容である。対人過失は、相手に迷惑をかけたことや不快な思いをさせたことに関する内容である。対人摩耗は、自他ともにネガティブな心情や態度を明確に表出してはいないが、円

滑な対人関係を維持するためにとる意に沿わない行動や相手に対する**期待外れ**の黙認に関する内容である。自分自身の経験で思い当たることも多いのではないであろうか。また、自分は経験がなくてもまわりに同じことで悩んでいる人がいるという場合もあるかもしれない。

　さて、現実にはこの難しい人間関係の問題にどう対処すればよいだろうか。この対処のことを**コーピング**という。加藤（2000）は、特に対人関係におけるコーピングに特化した対人ストレスコーピングという概念を提唱し、3つに分類した。1つ目は、肯定的な人間関係を維持するポジティブ関係コーピング、2つ目は、人間関係をみずから破壊するネガティブ関係コーピング、3つ目は、ストレスの原因を回避する解決先送りコーピングである。加藤の一連の研究では、ネガティブ関係コーピングはかえってストレスフルな結果を招くようである。また、ポジティブ関係コーピングも意外に良い効果がみられない。実は、残る解決先送りコーピングがストレス反応を低下させるという結果が一貫して示されている。

　孤独感（p.138参照）と同様に、対人ストレスに苛まれた時に人間は自分をうまく制御できなかったり、疑心暗鬼になったりする。焦って下手に相手へ働きかけてこじらせるよりも、まず一呼吸入れることが必要であるのかもしれない。グロス（Gross, 1998）によれば、感情の制御は、感情を生起させる状況や人から注意をそらしたり、それらに対するとらえ方を変化させたりして制御する**先行焦点型感情制御**と、状況や人によって生起した感情が表情や行動に表れないように感情の表出を制御する**反応焦点型感情制御**に分類できる。つまり、前者は嫌な感情が生じる前の制御であり、後者は嫌な感情が生じてからの制御である。一連の研究では、後者がいろいろとネガティブな結果を生んでしまうことが示されている。相手に会って嫌な感情が生じてからでは手遅れであるため、少し間をおいてまず自分のとらえ方をポジティブな方に変えてみるとよいと考えられる。また、孤独感への対処法と同じく（p.139参照）誰かにちょっと親切にしてみるというのも、一呼吸とポジティブなとらえ直しの一助となるかもしれない。

（松本　友一郎）

Episode 53

「子育て」で燃え尽きてしまうなんて？

＊ keywords ＊子育てバーンアウト　子育てストレス　完全主義　ソーシャル
サポート　上方比較

　　幼稚園に入ったばかりの長女アカリと、未就園児の次女ミドリ、2人ともまだまだ手のかかる年頃の子どもたちです。今朝も母親のトモは大変でした。まず、幼稚園に行きたくないとぐずるアカリをなんとかなだめ、連れて行きます。それから家事をこなすのですが、その間もいたずら盛りのミドリがじっとしてくれるはずはありません。お茶をこぼし、タンスの中身を引っ張り出し、お昼ご飯を散らかします。そして、アカリが家に帰ってきてからも戦いは続きます。「ギャー！！」と大きな叫び声がしたと思えば続けて泣き声が。姉妹げんかです。「もう、いいかげんにして！」部屋にトモのどなり声が響きました。原因はほんの些細なことですが、疲れとストレスでトモは我慢できなくなってしまったのです。

　　感情的に、子どもたちに怒りをぶつけてしまい、トモは後悔しました。いつも見ているいくつかの子育てブログを覗くと、皆それぞれ大変ながらも楽しそうに育児をしています。「自分はなんてダメな母親なんだろう……」トモは母親としての自信がなくなってしまいました。

　　そんな時、父親のイチローが仕事から帰ってきました。アカリもミドリも喜んでイチローに飛びつきます。イチローはトモに言います。「今日も頑張ったね、お疲れ様」それを聞いて、トモは肩の力がふと抜けたのを感じました。

　　さて、アカリとミドリの寝かしつけが終わり、ホッとしたのも束の間、一日遊んで散らかった部屋の片付けミッションが始まります。

■■■■解説：子育てを行う養育者は、子育てに充実感を抱く一方で、ストレスも経験する。子どもたちは幼いため不適切なふるまいをする。これらの積み重ねでストレスがたまっていく。また、子育てには正解はないため、具体的な方法を見出しづらいこともある。その結果、「**子育てバーンアウト**（燃えつき）」状態に陥る。

子育てバーンアウトを一言で言えば、**子育てストレス**の蓄積によって生じる諸症状（Roskam et al., 2017）である。大別して、「自分の子どもを世話するエネルギーがまったくない」という情緒的消耗感、「自分の子どもに対して愛情を示すことができない」という感情的距離、「以前のような良い親ではなくなってしまっていると思う」という過去との対比、「もう親などやっていられないと感じる」といううんざり感の4症状（Roskam et al., 2018）が指摘されている。

　この子育てバーンアウトの程度を強めたり弱めたりする要因は複数ある。その1つが「子育てに関して、完璧にできなければ成功とはいえない」といった「ミスを気にする」**完全主義**である。この完全主義が強いと、抑うつやバーンアウトになりやすい（Kawamoto et al., 2018）。2つ目に挙げられるのが、**ソーシャルサポート**（p.131参照）である（Gillis & Roskam, 2019）。たとえば、イチローの声かけのように相手の努力を認めるサポートはバーンアウトを弱める。3つ目にはインターネットでの情報収集が挙げられる。自分のニーズやその時の気持ちに合っているか否かがバーンアウトを強める／弱める要因へとなりえる。トモは、自分と同じように子育てに悪戦苦闘している人がいると思い、子育てブログを見た。しかし、ブログには、楽しそうに育児をしている様子が書かれていた。その様子と自分の現状を比べ、**上方比較**（p.107参照）し、トモは自信を失ってしまった。

　養育者がバーンアウトせず、子どもと関われることは、その子どもの成長にとって重要である。たとえば、親の応援によって幼児は成功と失敗を明確に区別できるようになる（Kawamoto & Hiraki, 2018）。つまり、日頃の親の関わり方が幼児の判断力や学習の質に重要な影響を及ぼすのである。また、バーンアウト傾向が強いことは、ネグレクトや暴力の原因にもなりえる（Mikolajczak et al., 2018）。このことからも、妊娠期から切れ目なく育児を支援するネウボラなどの、養育者がバーンアウトしない社会的なしくみづくりが重要なのである。

（古谷嘉一郎・川本大史）

Episode 54

堪忍袋の緒が切れて……

＊ keywords ＊ 攻撃行動　自己制御　挑発　攻撃性

　作家のチカはかなり短気で、好戦的な性格です。以前、ある病気で入院することになった際、担当医が治療方針を決めあぐねていたため、大声で担当医をどなってしまったほどです。そんなチカには、2人の息子がいます。ある日、仕事でくたくたになったチカが帰宅すると、長男が携帯型ゲーム機でプレイに熱中しているところでした。「何しているの？　今は、勉強しているはずの時間ではないの？」とたずねても、長男はあまりにも熱中していて返事をしません。少し大きな声で「この時間は勉強するって約束したよね？」と再びたずねると、「そうだったっけ」と素っ気ない答えが長男から返ってきました。チカにはふつふつとわき上がるものがありました。なぜなら、この勉強時間についての約束は、長男とチカがしっかりと話しあって決めたものだったからです。単に勉強していなかったことに腹が立ったというよりも、自分との約束が軽んじられ、まるで自分が親としてばかにされているように感じたチカは、大声で長男をどなりつけるや否や、長男の持つ携帯型ゲーム機を真っ二つにへし折ってしまいました。それほど力を加えなくても簡単にゲーム機が折れてしまったことに、チカは少々拍子抜けしましたが、それでも長男に対する怒りは簡単には収まりません。長男になぜ、ゲーム機を壊されるようになったのかをとうとうと言って聞かせて、ようやくチカの気分も落ち着いてきました。長男もわかってくれたようです。
　その様子を隣の部屋から覗いていた次男は、びくびくした面持ちで、チカは少し悪い気がしました。

■■■**解説**：長男にとって携帯型ゲーム機が壊されることは、かなり嫌なことだっただろう。チカはそれをわかった上で行動したに違いない。このような相手に苦痛や危害をもたらそうと意図してなされる行動は、**攻撃行動**として多くの研究をうんでいる。では、攻撃行動を生じさせやすくする要因はどのようなものだろうか？　真っ先に思い浮かぶのは、粗暴で攻撃的な性格をもつとい

うことだろう。たしかに、これまでの多くの研究が、性格が現実の攻撃行動と結びつくかどうかを調べている。しかし、総じてそこにはさほど強い関連性はみられていない（Bettencourt et al., 2006）。つまり、粗暴な性格だからといって必ずしも人を攻撃するとは限らないのである。粗暴な人が攻撃的になるのは、次の2つの要因が働く場合である。

　1つは、うまく自分を制御できずに衝動的に行動してしまう状況である。心理学では、長期的な展望や目標の下、衝動的にならずにいる力を**自己制御**（p.58参照）という。攻撃行動は、この自己制御が欠如することで生じうる。攻撃的な性格の持ち主の場合、自己制御するための余力を失っていることで、誰かを攻撃しやすくなるのである。ゲーム機の破壊を含め、一般に、他者を攻撃する行動は慎むべきだと多くの人は考えている。チカもそれゆえゲーム機を折った直後に少し後悔した。よって、みずからの考える通りに攻撃行動を慎むためには、自己制御するための余裕が必要になる。しかし、チカの場合、仕事でくたくたになってしまっていたため、自己制御するための余力が失われていた。仮に、チカにその余力が残されていたら、衝動的にゲーム機を壊すような怒り方をしなかったといえるのである。攻撃行動をもたらすもう1つの要因は、相手からけしかけられたり、そう感じられたりすることである。「売り言葉に買い言葉」というように、相手から**挑発**されると、元々粗暴な性格の人ほど攻撃行動をとりやすい。チカの場合、自分をばかにしたような長男の態度が引き金となって、ゲーム機をへし折ることになった。

　攻撃的な性格でも、挑発的なきっかけがなければ攻撃行動は生じないし、仮にきっかけがあっても衝動的にならないよう自己制御する余裕があれば攻撃行動は生じにくいのである。カップルを対象に約1ヵ月にわたって行われた日記式調査では、回答者は毎晩、パートナーに見立てた人形に何本のピンを刺したいのかを答えてから就寝した（Finkel et al., 2012）。すると人形にもっとも多くのピンを刺したのは、事前に測定されていた**攻撃性**が強く、回答した日の自己制御資源が少なく、かつパートナーから挑発的なふるまいを受けたと感じられた日であった。攻撃行動はこれら3つの要因が揃うことで生じていたのである。　**（相馬　敏彦）**

Episode 55

エスカレートする妻、耐え忍ぶ夫

＊keywords＊暴力　身体的な被害　心理的な被害　ドメスティックバイオレンス

　　マサノリはユウコと結婚して3年になります。学生の頃からつきあい始めたので、8年近く一緒にいることになります。普段のユウコはとてもおだやかな性格で、マサノリはそこにひかれてつきあい始めました。しかし、結婚して1年ほど経ったあたりから，ちょっとした会話をきっかけに，ユウコがマサノリの育った環境や家族のことを悪く言ったり，マサノリの欠点についてえんえんと説教したりすることが目立つようになりました。2ヵ月ほど前にも、夕食時にマサノリがご飯をおかわりすると、虫の居所の悪かったユウコから「だから太るんだよ、このデブ」と大声でののしられました。はじめのうちは、マサノリもユウコのそういった理不尽な言動に怒りを覚え、文句を言おうとしていましたが，元々、気が弱い上に、文句を言ったことに対してユウコからまた悪く言われたり説教されたりするのが嫌で何も言えずにいました。ここ数日は、とうとう口だけでなく手や足も出るようになり、マサノリの太ももにはあざができてしまいました。

　　人づきあいの苦手なマサノリにはあまり相談できる友人がいません。唯一、大学時代の先輩であるカズヒロとだけは、職場が近いため、たまに会話することがあり、そこでユウコから暴力をふるわれていることを打ち明けてみました。カズヒロは「それはひどいわ、マサノリは何も悪くないやん」と親身になって話を聞いてくれました。カズヒロに打ち明けたことで、少しだけ心強くなったマサノリは、それ以来、ユウコの理不尽な言動にもはっきりと苦言を呈するようになりました。すると徐々に、ユウコのそういった言動もみられなくなってきました。

■■■■解説：夫婦や恋人といった親密な関係が暴力の温床となることがある。最近のいくつかの調査によると、男性が必ずしも加害者になるとは限らず、場合によっては被害者になる、つまり女性が暴力をふるうこともある（Cornelius et al., 2010)。

　暴力には、殴る蹴るといった**身体的な被害**をもたらす行為ばかりでなく，一方的にののしり続けて相手の自信を低下させるといった**心理的被害**をもたらす行為も含まれる。マサノリとユウコの関係にみられたように、しばしば報告されるのは，当初ささいな心理的暴力であったものが徐々にエスカレートして身体的な暴力をふるわれるようになるというケースである（Baker & Stith, 2008）。では、暴力のエスカレートはどのように防ぐことができるだろうか。

　その答えの１つは、２人のあいだでの相互作用のあり方にある（相馬・浦, 2010）。人は、他者から責められたり叱られたりすると同様の行為をくり返しにくくなる。これは加害者にもあてはまる。したがって、身体的な暴力にまでエスカレートしていない段階で、理不尽なふるまいを受けた側が相手に「そんなことはしないでほしい」とか「どうしてそんなことをするのか」と相手のふるまいをおかしいと指摘したり批判したりしておくと、身体的な暴力へとエスカレートしにくくなる。もちろん、指摘したり批判ばかりしていると、加害者となる側が「自分は嫌われているのではないか」とか「相手は別れようと思っているのではないか」と誤解してしまう可能性がある。そうならないため、相手の非を責めるばかりでなく、誉めるべき時は誉めるというコミュニケーションも必要である。たとえば、相手の親切な行為に対してきちんと感謝を示しておくといった行動をとっておくことである。

　このように、親密な間柄での暴力を予防するには、適切なタイミングで相手に“NO”と伝えるコミュニケーションが有効である。そして、こういった行動をいつでもとれるためには、マサノリにとってのカズヒロのような、関係外で自分の味方となってくれるサポーターの存在が役に立つ。いつ“NO”と言えばよいのか、本当に言ってよいのかといった心配を和らげてくれるからである。２人の関係を暴力の温床としないためには、実は２人以外の他者との関係も重要なのである。

（相馬　敏彦）

Episode 56　家族がもつ機能とは？

＊ keywords ＊家族療法　家族システム　IP

　エリカは高校2年生で、父親と母親の3人で暮らしています。エリカが幼い頃から、母親は父親に対して「あなたは家事や子育てをすべて私に押し付けて、私は自分のやりたいことを我慢しているのに感謝してくれない」と怒りをぶつけ、それに対して父親は「自分は家族のために一生懸命働いていて忙しいから家庭に関わる余裕がないのに、なぜわかってくれないのか」と反論するといったパターンでの言い争いがたびたびくり返されていました。エリカはそのたびに「父親と母親にもっと仲良くしてもらいたいのに」、と悲しい思いをしていました。けれども母親からは留守がちの父親についての悪口ばかり聞かされます。たまに父親と話すことがあっても、普段、母親から「悪い人」と印象づけられている父親と接すると無意識のうちに緊張してしまい、うまく話せません。そんな両親もエリカが中学生の時にちょっとした体調不良から一時期学校に行けなくなった時には「どうしたらいいんだろう」とエリカのことを夫婦で真剣に話しあい、言い争うこともなくなりました。でもエリカの体調が回復し、学校に通学できるようになると、また以前のように言い争いが起きる状況に戻りました。中学だけでなく高校でもエリカが学校に通えない時には夫婦の仲は改善し、通えるようになると元の言い争う関係に戻るということがくり返されました。エリカも高校2年生になり卒業後の進路を考える時期になりました。できれば一人暮らしをして専門学校へ通いたいと考えているのですが、母親からは「まだ一人暮らしは早いし、お母さんを一人にするつもりなの」と反対されていて、困っています。

■■■**解説**：通常の心理療法では、エピソードで描写したエリカのようなケースの場合、体調不良をきっかけに不登校に至ったエリカ個人が、治療的アプローチの主な対象とされる。それに対して**家族療法**では、一定程度自律的な機能をもった単位としてふるまう家族というシステムが治療的アプローチの対象とされる。この**家族システム**という視点の導入によって、いわゆる患者は、問

題の原因そのものではなく、家族システムの力動により症状を体現した人物、「患者と同定されたもの（Identified Patient: IP）」ととらえられる（中村, 2017）ようになる。つまり家族療法では、エリカの不登校という症状は、父母間の関係の不和という家族システムレベルでの問題を緩和するために結果として生じたものであって、原因ではないととらえられるのである。それゆえ、家族システムにおける父親と母親の不仲という関係性に変更がないかぎり、エリカの不登校問題が一時的に解決されても問題はくり返されることになる。もちろん、家族システム論に基づく家族療法は、個人の精神内部に原因を求めることの一切を否定しているのではなく、それとは別の視点として家族という力動的なシステムの影響を指摘するものである。

　家族療法では、家族というシステムの機能のどの側面を強調するのかに応じて多くの学派が形成されている。たとえば、親と子という世代間の境界がしっかりと存在することが家族システムの安定性にとって重要と考えるボウエン（Bowen, 1978）や、家族システム上の問題を家族が成長するための契機として肯定的にとらえるミニューチン（Minuchin et al., 2007）の構造派といった立場が存在している。

（石盛　真徳）

この本をもっと活用するための手引き
グループ単位で発表し、わかちあう

受講生の数が多く、3〜5名の小集団が複数ある場合、グループで一つのエピソードを作成し、最後は全体を対象にグループで発表を行うことを目指しましょう。

グループ単位で発表するエピソードは、グループ内で議論して決めたもっとも評価の高いエピソードを基本とします。もちろん他のグループメンバーが作成したエピソードの内容や表現などをうまく融合し、より完成度の高いものにしていきましょう。ここでは、グループ内で課題葛藤や関係葛藤（エピソード62参照）が生じないような工夫を行うことが必要です。エピソードの作成を元のエピソード作成者のみに任せてしまうことは、「タダ乗り」となり葛藤が生じやすくなります。プレゼンテーションソフトを使った発表などをする場合、スライドを作る人と説明をする人など、役割を決めて作業をすることも一つのやり方です。

グループ発表は、最初のエピソードを作った一人だけが話し続けるといったことがないようにしましょう。エピソードの理解をすすめる観点では、最初のエピソードの主たる作成者とグループ発表時に説明をする人を別の人にしておくといいでしょう。そのことが、グループメンバー皆がそのエピソードの内容や理論的背景を理解することにもつながります。

グループ発表の際も、聴講者全員がグループ発表に対する評価シートを配り評価をすると、どのグループのエピソードが最も高評価だったかを選ぶことができます。クラスでもっとも高評価のエピソードはグループ単位で表彰しましょう。

（西村　太志）

第6章

親しさのなかの「まとまり」と「つながり」：集団の視点

　親密な関係とは何も1対1の関係だけではない。わたしたちの日常的な他者とのかかわりは複数の他者とのあいだ、つまり集団のなかでなされる。親密な人たちに囲まれて生活することは、集団の一員であることが求められ、親密な他者と2人きりの時とは異なる影響をわたしたちに与える。それは、良い影響の場合も悪い影響の場合もある。第6章では、集団凝集性や集団規範、そして、それへの同調や服従、集団間葛藤、社会的ジレンマなどについて取り上げる。

グループ活動が進まない⁉

＊keywords＊社会的促進　社会的抑制　動因理論　社会的手抜き　社会的補償

「みんなでやれば、作業がはかどると思ってたんだけど……」とハナコはため息をつきました。友だちと宿題や試験勉強、部活の自主練をした経験から、ほかの人と一緒に物事に取り組むと、意欲も高まり効率も良くなるはずだ、と素朴に信じていました。

しかし現在、ハナコは大学で必修の「社会心理学実習」の授業でグループ活動がうまくいかず困っています。この授業ではグループでテーマを決め、アンケート調査を行います。ハナコはマリ、チヨ、セイジの4人とグループを組み、おもしろい調査をしたいと思っていました。ところが、調査のテーマ決めは、授業だけでは話しあう時間が足りません。ハナコたちは授業外に集まろうとしましたが、互いの予定が合いませんでした。「まだ時間はあるから」と先送りすること数回、話しあいがまとまらぬまま、テーマの提出締め切りの日を迎えました。ハナコたちは仕方なく、その場で話題に出た芸能ネタ「アイドルグループ ZMAP の謝罪会見の印象」をテーマにしました。

そこからが大変でした。ハナコ以外の3人はもともと授業に欠席しがちだし、マリは「必修だから単位はほしいけど、興味があるのは臨床心理学なの」、チヨは「ハナコに任せるよ」、セイジは「バイトとバンドの練習が忙しくて」という調子で、授業外に集まることにも乗り気でありません。気がつけば、ハナコはほぼ一人でアンケートを作っていました。次の授業の時に、ほかの3人に内容を説明しないといけません。この先、さらに回答を集めて、集計結果をまとめる作業が待ち受けています。みんなが協力してくれるかどうか、ハナコは心配です。「全部1人でやらなきゃいけないのかな……これ、グループ活動の意味なくない？」

■■■解説：1人で作業する時より、他人と一緒だとはかどったり、人前で行う方がうまくできることがある。これは**社会的促進**と呼ばれ、ハナコがこれ

まで宿題や部活の自主練で実感してきたことである。しかし、逆に自分のそばに他人がいると、1人の時より、作業の効率や成績が悪くなることもある。こちらは**社会的抑制**と呼ばれる。どちらの現象も「他者の存在」が鍵となるが、一般に簡単な課題では社会的促進、難しい課題では社会的抑制が生じやすい。

ザイアンス（Zajonc, 1965）の**動因理論**（図57-1）によれば、周囲に他者が存在することで、

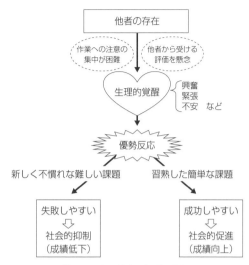

図57-1　社会的促進と社会的抑制の生起に関する説明

作業に注意を集中することが困難になり（注意葛藤）、作業の出来映えに対する他者からの評価を気にしてしまう（評価懸念）ため、生理的な覚醒（興奮や緊張）が高まる。この生理的覚醒が、課題に取り組む際の優勢な反応を促進する。つまり、簡単な課題では、十分に練習して身につけたことが優勢反応となり、作業成績は向上する（社会的促進）。難しい課題では、新しく不慣れなことによる失敗が優勢反応となり、作業成績は低くなる（社会的抑制）。

　社会的促進や社会的抑制は、他人が一緒にいる場面で起こるが、作業そのものは個別に行われる状況での現象である。ハナコたちが授業で取り組むグループ活動は、もう少し複雑である。この授業では、アンケート調査の立案・実施・報告まで、みんなで協力して作業することが求められている。こうした集団での協同作業では、メンバーが「自分1人くらい、やらなくとも構わないだろう」と考え、努力を怠るようになることがある。

　これは**社会的手抜き**と呼ばれ、古くから社会心理学の分野で研究されてきた現象である。図57-2は、ラタネら（Latané et al., 1979）による社会的手抜きの代

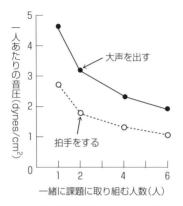

図57-2　**ラタネらの実験結果**（Latané et al., 1979 より作成）

表的な実験の結果である。この実験では、実験参加者に防音室のなかで拍手や大声により、できるだけ大きな音を出すという課題を与え、1人～6人と一緒に行う人数を変えて取り組ませた。その結果、人数が増えるほど、参加者1人あたりが出す音の大きさが減少した。このほかにも、綱引きやブレーンストーミングなど、さまざまな課題で社会的手抜きが生じることが確認されている。

　社会的手抜きが発生する理由とそれを抑止する対策は、図57-3のように整理できる。第1の理由は「責任の分散」である。協同作業には複数の人間が関わるため、メンバー間で責任が分散して希薄になる。ハナコたちは、調査テーマの下調べや情報整理などを分担せず、話しあいをくり返している。各メンバーの役割を決め、担当作業を明確にすることで、責任の分散を抑止できる。

　第2の理由は「評価可能性」である。集団の成果に対する個々人の貢献度がわからず、その評価もされなければ、社会的手抜きは生じやすい。ハナコたち

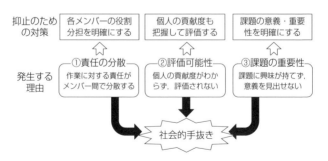

図57-3　**社会的手抜きが発生する理由と抑止のための対策**

　第6章　親しさのなかの「まとまり」と「つながり」：集団の視点

の成績評価は、グループ活動の最終成果で決まる。個人の努力は報われず、集団の成果で評価が決まるなら、ほかの人に作業を任せた方が楽である。前述の役割分担は、個々人の貢献度を明らかにするためにも有効である。また、ハナコたちの履修する授業では、個人でもレポートを提出させ、個々の努力や達成度を考慮して成績を評価するなど、担当教員側の工夫も求められる。

　第3の理由は「課題の重要性」である。課題に興味をもてず、その達成に魅力を感じなければ意欲は低下する。逆に、意義や重要性が明確で、挑戦しがいのある課題では、社会的手抜きは生じにくい。ハナコたちは、結局、締め切り間際にその場しのぎで調査テーマを決めてしまった。また、マリは「興味があるのは臨床心理学なの」と、アンケート調査の実習に興味を示していない。これは誤解であり、実際には臨床心理学でも、アンケート調査は活用されている。ハナコたちは調査のテーマと実習の重要性について、明確に認識しておく必要があった。もちろん、担当教員も、それを促す配慮をすべきであっただろう。

　一方、ハナコ自身は悩みながらも、怠けるほかのメンバーの努力不足を補い、作業の大半を1人で片づける頑張りを見せている。この社会的手抜きとは逆の現象は、**社会的補償**（Williams & Karau, 1991）と呼ばれる。課題が重要で、かつほかのメンバーを信頼できない場合には、集団の成果を少しでも良いものにしようと、個人単独の時より努力する者も現れるのである。

（三沢　良）

Episode 58

本当の出社時間って、いつ？

＊keywords ＊集団規範　集団凝集性　リターン・ポテンシャル・モデル　規範の結晶度

　　リナは得意な英語をいかしてバリバリ貿易の仕事がしたいと、専門商社に就職しました。社外の施設での研修も無事に終わり、営業第二課への配属も決まりました。配属された初日、就業規則では9時からとなっているので、リナは、余裕をもって10分前には職場に着くようにしました。しかし職場に着いてみると、課長以下、職場の人たちはみんなもう仕事にとりかかっています。ちょっと焦りながら課長の所に挨拶に行くと、「君遅いよ、この課では15分前にはみんな仕事を開始しているんだよ」とのこと。「まあ、今日は初日だから大目に見るけど、明日からは気をつけてね」とその場は軽い注意で終わり、課内の先輩たちに紹介されました。その後は、仕事を教えてもらうことになった先輩に付いて取引先への挨拶回りなどしているうちに慌ただしく1日が過ぎました。次の朝、「今日からは15分前には、ちゃんと仕事が始められるように出社しよう」とさらに余裕をみて、9時の25分前には職場に着きました。するとまだ半分弱しか、職場の先輩たちは出社しておらず、「よかった、今日は間に合った」とほっと一息。ただし、ほっとしたのもつかの間、同じ職場の先輩がリナの席まで駆け寄って来て、「あなた、新入社員は30分前には来て新聞を整理するとか、課で必要な仕事の準備をしておかないといけないじゃない。のんびりこんな時間に出社するなんて、何考えているの！」と、ひどい剣幕です。そんなに怒られることでもないのにと「でも就業規則では9時出社ですし。今日はそれよりも25分も早く来てるのに」とリナはつい反論してしまい、先輩の怒りに油を注ぐ結果になってしまいました。

■■■**解説**：集団の形成が進むと、成員間でのコミュニケーションを通じて、自然発生的に集団成員に標準的な態度や行動様式が期待されるようになり、それが成員を規制する枠組みとして作用するようになる（Cartwright & Zander, 1968）。この枠組みは**集団規範**と呼ばれ、集団としてのまとまりの良さである

集団凝集性を高め、集団の生産性にもポジティブな効果をもつとされる（Cartwright & Zander, 1968）。ジャクソン（Jackson, 1965）は、集団規範を定量的に測定・記述する方法として、**リターン・ポテンシャル・モデル**を考案している。このモデルでは横軸に具体的な行動の次元を、縦軸にそれに対する集団成員の評価の次元を配置したグラフ上で、

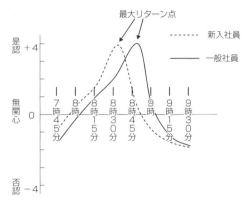

図 58-1　出社時刻に関する集団規範のリターン・ポテンシャル・モデルによる記述の例

各行動に対して集団が与える評価点をつないだ曲線を描くことが可能となる。たとえば、エピソードで描写されたリナの所属する営業第二課における新入社員と一般社員の出社時間の集団規範について、リターン・ポテンシャル・モデルを用いると図58-1のように表現できる。明文化された就業規則は「9時出社」であったが、営業第二課では一般社員に関してはそれよりも早い「8時45分出社」が最大リターン点となる集団規範が成立している。一方で新入社員であるリナには、「8時30分出社」が最大リターン点となる別の規範の順守が求められている。リターン・ポテンシャル・モデルの特徴は、集団規範を行動に対する許容範囲を有するものとしてとらえている点にある。このモデルを応用すれば、各成員の評価の分散（バラつき）をその規範がどの程度一致しているかという**規範の結晶度**の指標として用いて、規範の実効性等について検討することも可能となる。

（石盛　真徳）

Episode 59

場の空気に流されて……

＊keywords ＊状況の力　同調　服従　規範的影響　情報的影響　アイヒマン実験

　　大学生のユウコは、カフェでアルバイトをしています。そのお店はおしゃれで美味しいことで有名です。このお店でのアルバイトが決まった時、ユウコはとてもうれしく思いました。今では、大学生のアルバイト仲間、社会人の店員、そして店長と一緒に充実したアルバイト生活を送っています。

　　ある日の午後、店長とスタッフが集まって話しあいをしていました。今度の日曜日、20時にお店が終わった後、スタッフで研修会をしようという提案が持ち上がっています。ユウコは翌日にテストがあることを思い出し、できればその日は早く帰りたいと思いました。参加は難しいなあと考えていたところ、店長から「みんなの都合はどうですか？　来れるかな？」と質問が発せられました。その場にいたほかのスタッフが「参加します」、「もちろん参加！」と回答するなか、ユウコは何も言えずにいました。ひとりだけ「欠席します。」とは言いづらいと思っていた時、店長から「ユウコさんも参加してほしいな」と言われ、ユウコは思わず「参加します！」と回答してしまいました。

　　つい引き受けてしまったユウコ。「私って意志が弱いのかな。まわりに流されてしまったかな」と落ち込んでしまいました。翌日、大学の友人であるジュンコにその出来事を話したところ、「断れない雰囲気ってあるよね。でも、まだ間に合うよ。店長にもう一度話をしてみたら？」と励まされました。次のアルバイトの時、もう一度店長と話をして断ろう、ユウコはそう考えました。

■■■■**解説**：「場の空気に流される」という言葉は、日常的によく耳にする。ユウコは本心では断りたいと思っていたが、まわりの空気に流されて研修への参加を表明してしまった。ユウコが流されてしまった理由として、ここでは2つの"**状況の力**"をみてみよう。

　1つは、集団内の多数派が支持する判断や行動が存在する時の状況の力である。ユウコの場合、多数のアルバイト仲間が"研修に参加する"という考えを支持

していた。この状況下で、自分ひとりが違う考えをもっていてもそれを主張することは難しい。結果として自分の考えや行動を変化させまわりに合わせる"同調"が生じる。

もう1つは、職場の上司や大学の先生のように、権威や権

「右の線分のうち、左の線分と同じ長さのものはどれか」

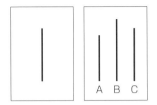

図 59-1　アッシュの同調実験で用いられた判断課題
(Asch，1951 より作成)

力をもつ人から命令や依頼が行われる時の状況の力である。ユウコが判断に迷っていた時、職場の権威者である店長から"参加してほしい"との依頼があった。なんら権威・権力のない人よりも、権威・権力のある人の依頼は受け入れられやすい。そしてこの状況下では、権威を伴う他者の意向に従う**"服従"**が生じることになる。ユウコが断りきれなかったのは、多数派と権威者による状況の力によって"同調"と"服従"が生じたためである。

　ドイッチとジェラード（Deutsch & Gerard, 1955）によれば、同調や服従が生じる理由は2つある。1つは、他者から受容されたい、孤立したくないという欲求に基づく影響である（**規範的影響**）。もし同調や服従をしなかった場合、集団や社会で孤立したり、疎外が生じるかもしれない。その状況を避けるために、人は同調したり、服従をすることがある。もう1つは、正しく行動や判断を行いたいという欲求に基づく影響である（**情報的影響**）。特に状況が不確実で自分の判断や行動に自信をもてない時、多数派の判断や権威者の命令が正しいのではないかと感じられ、その結果、同調や服従が生じることがある。

　自分であれば、状況の力に負けず同調や服従をしない、そう思った人もいるだろう。しかし、これまでの心理学の実験では、状況の力は予想以上に強く、人は同調と服従をしてしまうことが示されている。

　1つは、アッシュ（Asch, 1951）による同調実験である。男子大学生による8人集団を作り、実験の参加者は基準線と同じ長さの線分を3つの線分から選ぶきわめて簡単な課題を行う。8人集団で互いの顔が見える状況で参加者は順に

回答をしていくが、実は何も知らない本当の参加者は8番目の回答者だけであった。それ以外の7名は実験協力者（サクラ）で、全員一致で正解でない間違った線分を選ぶことになっていた。何も知らない真の参加者は、全員が間違った線分を回答するなかで、自分が正しいと思う線分を回答できるだろうか。実験の結果、参加者の約74％（50名中37名）が少なくとも1度はまわりの意見に同調し間違った線分を選んでいた。

　また、ミルグラム（Milgram, 1974）の服従実験では、20代から50代の成人男性が記憶と学習に関する研究と思い実験に参加する。2名の参加者のうち1人は「先生」役に、もう1人は「学習者」役に割り当てられる。そして実験室にはもう1人、権威のある人物として白衣を着た「実験者」がいる。別室に移された学習者が回答を間違えるたび、白衣を着た実験者は1つ高いレベルの電気ショックを与えるよう先生役に告げる。実は、学習者と実験者は訓練された実験協力者（サクラ）で、何も知らないのは先生役だけだった。サクラの学習者役はわざと間違った解答を信号箱で送り、電気ショックを受けていると思わせる（実際には受けていないのだが）。もうひとりのサクラである実験者は、冷静に

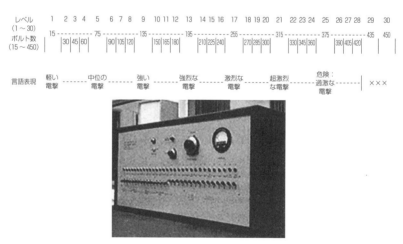

図 59-2　ミルグラムの服従実験で用いられた電気ショックの操作パネル

（Milgram, 1974 より作成）

　第6章　親しさのなかの「まとまり」と「つながり」：集団の視点

手順に沿って電撃のレベルを上げるよう先生役に指示を出す。何も知らない先生役は、別室にいる学習者、指示を出し続ける実験者を前にして、どこまで電気ショックのレベルを上げるのだろうか。実験の結果、先生役の参加者のうち約65％（40名中26名）が、最大レベルの電気ショックになるまで実験者の指示に従った。多くの先生役は続けたくないと述べながら、最後まで実験者の指示に服従したのである。この実験の参加者は、普通の平均的な人たちであり冷酷で残虐な人たちでは決してなかった。平均的な人であっても、権威による服従によって危険な行為に及んでしまうことを示したこの実験は、ナチスドイツの戦犯の名前から**アイヒマン実験**と呼ばれている。

　このように同調や服従をもたらす状況の力は、私たちが予想するよりも強い。そして、集団や社会で生じる状況の力を私たちは「空気」と呼ぶことがある。社会生活を営む上で空気を読むことは重要であるが、必要があれば、その力にあらがうことも重要となる。ユウコも、状況の力に抵抗して、ぜひアルバイトより学業を優先してほしい。

（藤村　まこと）

Episode
60

イクメンを支持しているのは、ひょっとして自分だけ……？

＊keywords ＊集団規範　同調　多元的無知　育休　傍観者効果

　タカシとユウタとリョウは、同じ電機メーカーに勤務する30代の男性従業員です。タカシたち3人の職場では、男性による育児休業の取得は制度としては認められているものの、実際に取得した男性従業員は過去に1人もいません。

　【タカシのケース】タカシは数ヵ月後に妻が出産する予定で、生まれたら育休を取得したいと考えています。上司や同僚たちが集まる職場の朝礼の時、その意向を伝えようか迷っていると、年配の男性上司が「男が育休を取ることをどう思う？」とユウタに尋ねました。すると、ユウタは「家庭の細かいことは妻に任せて、男は仕事に専念すべきじゃないですかね」と答えました。リョウをはじめ、他の従業員たちも「それが普通だろう」と考えているようにみえます。取得は諦めるしかないのかと、タカシは意気消沈してしまいました。

　【ユウタのケース】ユウタ自身は、男性が育休を取得して積極的に育児に関わることは好ましいと考えています。しかし、職場には男性による取得の前例がないため、そうした考えには未だに抵抗感があるのかもしれないとも感じています。上司に尋ねられた時、もしイクメンを肯定すると、まわりからよく思われないかもしれないと不安になり、つい本心とは異なる意見を述べてしまいました。

　【リョウのケース】リョウも男性の育休取得には賛成ですが、ユウタの発言に対して誰も反対意見を言わないのを見ると、やはり職場では保守的な考え方が根強いのだと感じました。イクメンを肯定するような発言をして目をつけられると困るので、苦笑いを浮かべながら沈黙するしかありませんでした。

■■■■**解説**：タカシたち3人は、「男性が育児休業を取得することは、自分は好ましいと思っているが、他の従業員の多くはきっとそれを好ましく思っていないだろう」と、お互いの本心を誤解しあっている。さらにその誤った推測に基づき、他の人たちからの否定的反応を避けるため、一人ひとりがホンネ（選

好）を偽って行動している。彼らが、いわゆる「空気」を読み、タテマエで行動した理由はここにある。このように、個々人の選好を偽った行動が集合的に相互作用すると、（個々の選好に反して）**集団規範**（p.156）への**同調**（p.159）が集団内で広くみられるようになる。

多元的無知（p.137 参照）とは、「集団の多くの成員が、自分自身は集団規範を受け入れていないにもかかわらず、他の成員のほとんどがその規範を受け入れていると信じている状況」を指す（神, 2009; Katz & Allport, 1931）。日本で男性による育児休業の取得率が低迷している背景に、多元的無知の存在が指摘されている（Miyajima & Yamaguchi, 2017）。すなわち、個々の男性は**育休**を好ましく評価しており、取得願望も高いにもかかわらず、他者が育児休業に否定的だと思い込むことで取得を控えてしまう側面があるというものである。さらに、そのような誤った思い込みに陥った人々は、周囲に与える自分自身の印象が悪くならないよう、育休を取得しようとする男性に対し、それを控えるよう働きかける傾向にあることが示されている（宮島・山口, 2018）。皮肉なことに、タカシたち3人の行動は、（彼らにそのような意図はなくとも）職場の男性従業員の取得を阻む圧力として作用しているのである。この多元的無知は、**傍観者効果**（p.137 参照）を引き起こす一因とも考えられている（Latané & Darley, 1970）。

多元的無知はさまざまな社会問題への関与が示唆されている。たとえば、「学生の過度な飲酒」（Prentice & Miller, 1993; 大学生は、他の大学生が過度な飲酒に対して実際よりも好ましい態度を有していると考えている）や、「人種差別」（Fields & Schuman, 1976; 黒人系アメリカ人に対して差別意識を抱く白人系アメリカ人の割合を、白人系アメリカ人は実際よりも多く見積もっている）が知られている。

（宮島　健）

Episode 61

学祭の模擬店でサークルを導くリーダーシップ

＊keywords＊リーダーシップ　課題志向的行動　人間関係志向的行動　PM
理論　サーバント・リーダーシップ

　　秋も深まり大学では学園祭の季節です。マコトのサークルでは、今年も模擬
店を出店する予定です。昨年までは「唐揚げ」を販売していましたが、厳しい
先輩のもとマコトたちは先輩の指示に従うだけの苦い経験でした。
　　サークルの最上級生となったマコトは、先日、部長に就任したばかり。本来、
マコトは引っ込み思案でしたが、引き受けたからには役割を全うしようと意気
込んでいます。また、昨年の経験を教訓に、みんなで話しあい、アイデアを出
しながら新しいことに挑戦したいと考えていました。そのことを、後輩のヒト
シに相談したところ後ろ向きの発言。それを見ていた1年生のユウジ、ヨウ
コは不安な顔をしています。とはいえ、マコトはこの模擬店がみんなの心を1
つにする機会と考え、みんなでよく作っていた「焼きそば」をやろうと提案し
ました。
　　マコトは、売上目標を掲げると同時に、みんなで協力して成し遂げようと呼
びかけました。そして、新しいメニュー作りを1年生に任せて、必要に応じ
てアドバイスを与えました。また会計や販売方法は経験のあるヒトシに任せま
した。ところがメニューがなかなか決まらず1年生の2人は意気消沈してい
ました。マコトは彼らを励まし、2人に期待していることを素直に伝えました。
すると、2人はマコトの期待に応えたいと、みずから焼きそば屋を回り、そこ
で気づいたことをメニューに加えました。その結果、みんなの協力もあり模擬
店は無事に売り上げ目標を達成し、またサークルにとっても貴重な体験となり
ました。

■■■■解説：マコトは、これまで人の上に立つようなリーダーの経験はなか
ったが、結果としてサークルのみんなでうまく協力しあい、目標を達成するこ
とができた。それはなぜだろうか。
　　これを理解する上で、まず、**リーダーシップ**とは何かを確認しておこう。ス

トッディル（Stogdill, 1974）は、リーダーシップを"集団目標の達成に向けてなされる集団の諸活動に影響を与える過程"と定義している。この定義には2つの重要な点が含まれている。

　第1は、リーダーシップとは、目標やビジョンなど、集団のメンバーが目指すべき方向性が存在しなければならない点である。昨年までは、先輩たちの指示にただ従うだけで、特に明確な目標は存在しなかった。このような状況では、メンバーはみずからが何を目指して取り組めばよいのか方向性を見失い、結果としてリーダーからの指示をこなすだけになる。結果として、メンバーはやりがいを感じるどころか、やらされ感さえ抱くことになってしまう。

　それに対して、マコトは、サークルが達成すべき目標として、具体的な売上目標を掲げただけでなく、それをサークルみんなで協力して成し遂げようと目標を掲げたが、そのことがメンバーの目標達成に向かう推進力を引き出すことにつながった。リーダーシップの語源は、集団のメンバーを"導く"（リードする）ことであることから、目標やビジョンの設定は、リーダーシップを発揮する上で重要な必要条件といえる。

　2つ目の重要な点は、集団が目標達成に至るまでには、さまざまな集団活動が必要になることである。たとえば、模擬店で「焼きそば」を作り、そして販売して目標達成に至るまでには、目標設定から、予算、役割分担、メニュー作り、材料の準備、前売り券の販売、そして当日の作業など、さまざまな集団活動に従事する必要がある。リーダーはそれらをうまく遂行するように働きかけることが求められる。また、課題の遂行には直接的に関わらないものの、ヒトシをはじめ1年生のユウジ、ヨウコの関係性や団結力を育み、また1年生の2人が途中でうまくいかず意気消沈した時には励ましながら、再び目標達成に向けてモチベーションを鼓舞することも、リーダーに求められる役割である。

　実は、リーダーに求められる役割行動には2つの種類が存在する。上述した集団の目標達成や課題遂行に志向したリーダーの働きかけを「**課題志向的行動**」、そして集団内の人間関係の維持やチームワークの醸成など主として人間関係の配慮に志向した働きかけのことを「**人間関係志向的行動**」と呼ぶ。

さて、リーダーによる課題志向的行動と人間関係志向的行動ではどちらが有効なのだろうか。リーダーシップ研究がスタートした1900年初期から1940年代までは主に優れたリーダーが有する特性を明らかにする研究が主流であった。しかし、当時実りある成果が見出されず、1950年代からは効果的なリーダー行動に関心が集まり、先の2つのリーダーの役割行動が明らかにされ、そしてどちらが集団のパフォーマンスにより効果をもつかについて数多くの検討が重ねられた。そのようななかで、リーダーの行動2次元のうちどちらの行動が効果的かではなく、むしろ両方の行動を発揮することが重要であることが明らかになった。その代表的な理論が三隅二不二による **PM 理論**（三隅, 1966）である。

　PM 理論では、リーダーシップの機能は大きく P 機能と M 機能の2つに分類されるという。**P 機能**とは課題達成（performance）機能を、そして **M 機能**とは集団維持（maintenance）機能を意味する。そして、これら2つの機能には高低2水準があると考え、それぞれの組み合わせによって図 61-1 に示すように4つに類型化される。そのうち P 機能と M 機能の両方を高水準に発揮している **PM 型リーダー**は、集団のパフォーマンスやメンバーの満足度やモラールなどの成果に対してもっとも効果的であることが確認されている。

　先ほどのマコトのリーダーとしての働きかけを分析してみよう。マコトは、経験のあるヒトシには重要な会計や販売方法を担ってもらうように依頼し、そして1年生の2人には模擬店用に作る焼きそばの味付けやトッピングなどのメ

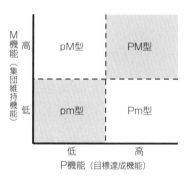

図 61-1　**PM 理論**（三隅, 1984 より作成）

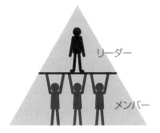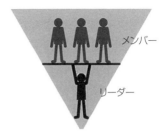

図 61-2　トップダウン・リーダー（左図）とサーバント・リーダー（右図）

ニューを任せることで役割分担を行った。さらに、1年生がうまくいかず意気消沈した時には、厳しく責め立てるのではなく、彼らを励ましながら期待していることを伝えていた。このようにふり返ると、マコトは PM 型リーダーとしてふるまっていたとみることができる。

　さて、マコトのリーダーシップを分析するにあたりもう1つ重要な視点がある。それは、リーダーとして集団をどのように導くかである（池田, 2015）。一般的に、リーダーはメンバーを上から指示・命令したり、先頭に立って引っ張ったりすることをイメージすることが多い。このようなトップダウン的なスタイルこそがリーダーシップであると暗黙のうちに考えられてきた（図61-2の左図）。

　しかし、目標達成を実現するために、集団であるメンバーを導く方法はこれだけではない。マコトは、サークルのメンバーの上に立ってグイグイ引っ張っていたというよりは、メンバーの適性や経験に応じてふさわしい役割を任せ、彼らに期待しながら支援していた。このように、目標の達成に向けて、メンバーが活躍しやすいように支援し、奉仕するリーダーシップのことを「**サーバント・リーダーシップ**」（Greenleaf, 1977）と呼ぶ（図61-2の右図）。最近では、サーバント・リーダーシップの意義に注目が集まり実証的な知見が蓄積されつつある。

（池田　浩）

Episode
62

あの人とは、意見も性格も合わないんです

＊keywords ＊集団内葛藤　課題葛藤　関係葛藤　誤認知　情報共有

　チアキは有名アパレルブランドを展開する会社に勤めています。このたび来年の春夏シーズンコレクション担当チームのリーダー役を任されました。チームにはチアキ以外に5人の同僚が配属されています。早速1回目の打ち合わせの機会を設定し、6人で今後の流れについて情報を共有し、それぞれの役割を確認しました。1週間に一度、このような打ち合わせの機会を設けることとし、2回、3回、と続けているうちに……チアキはあることに気づきました。チームの仲間であるマユミとマオの意見が対立し、収拾がつかなくなるということが頻繁に起こるようになったのです。打ち合わせの後、その原因について他の同僚に何か知っているかと聞いたところ、どうやら1回目の打ち合わせの際にマオが提案した作業の分担方法が採用されず、代わりにマユミの案が採用されたことが原因で2人の関係がぎくしゃくするようになったらしいのです。その後も同じようなトラブルが続くので、チアキはマオと2人で少し話をすることにしました。マオにマユミとの件について聞いてみると、「あの人は私の意見だというだけで何でも反対するんです。1度や2度なら我慢できますが、もう無理です。目も合わせたくないほど、マユミさんのことが嫌いなんです。あの人とは性格が合わないんです。」と涙声で訴えられました。チアキからすると、2人とも同じようにコレクションの成功を目標に一生懸命自分の役割を果たそうとしているように見えますし、自分がやり取りする分には非常に有能であたたかい人物です。なぜこのような事態に発展してしまったのでしょうか……？

■■■**解説**：チームでひとつの目標に向かって活動している時、時にチームメンバー同士でいざこざが発生することがある。今回の例にあげたマユミとマオの関係のこじれ方も、非常に「よくあること」ではないだろうか。なぜ、全員がチームでの活動の成功を目指して頑張っているのに、時に修復不可能と思われるような揉め事が発生するのだろうか。そして、このような揉め事を少し

でも起こりにくくしたり、起こったとしてもすぐに修復するのに役立つ方法はあるのだろうか。

　チームの話し合い場面で生じるいざこざは**集団内葛藤**と呼ばれる。集団内葛藤には、2種類が存在する。ひとつは、意見やアイデアの相違から生じる**課題葛藤**と呼ばれるもので、もうひとつはメンバー同士の性格や価値観の不一致から生じる**関係葛藤**と呼ばれるものである（Guetzkow & Gyr, 1954）。これらの葛藤は、チームに対して与える影響が少し異なっている。課題葛藤は、熾烈なものにならないかぎりは、問題となっていることに対する深い理解や、チームにとってより良い選択を促す力になりうる。その一方、関係葛藤は、チーム内の雰囲気を悪くさせ、チームとしてのより良い選択を阻害することがある（Jehn, 1995）。

　話し合い場面でこのような集団内葛藤に直面した時、メンバーとしてどのようにふるまうかには文化差がある。われわれ日本人は、アメリカ人よりも関係葛藤の発生に敏感で、ひとたびそれが認識されてしまうとメンバー間でのコミュニケーションを通した葛藤の解決がなされなくなる（Murayama et al., 2015）。集団内の調和が理想とされてきたことや、一度集団に所属するとその集団に長期間とどまることが多いという日本社会の特徴から、たとえいざこざが起こっていたとしても、表面的には「何もない」ようにふるまいがちなのである。結果として揉め事を放置してしまうことになるため、ひとりで問題を抱えこんだり、お互いに敵対的な状態を引きずったまま、チームでの活動を続けなければならないこともあるだろう。関係葛藤がない良い雰囲気で、チームメンバーが率直にそれぞれのアイデアを出しあい、時には意見が合わないという経験を通して、より良い決定につなげることができれば言うことはない。しかし残念ながら、この2つの葛藤はお互いに強く関連しあう。課題葛藤が強いチームは、関係葛藤も強い場合が多いのである。

　なぜ2種類の葛藤はお互いに強く関連しあうのだろうか。その原因の1つに、**誤認知**の問題があげられる（Simons & Peterson, 2000）。これは、激しい意見の相違が性格や価値観の不一致ととらえられてしまったり、性格や価値観が合わないことをもってして相手の出す意見やアイデアに同意できなくなるといった状

況である。マオは、マユミが自分の意見にことごとく反対するため嫌いになってしまった、とチアキに話していたが、これは、強い課題葛藤が関係葛藤として認知される典型的な例といってよいだろう。相手のことを好きではない場合に、その人物が提案するアイデアにも賛成できないというような状況も、強い関係葛藤が課題葛藤として認識されてしまっているといえるだろう。

　チーム内で発生するいざこざ（特に関係葛藤）や2種類の葛藤の誤認知を極力減らして、チームの生産性を最大限に高めるにはどうすればよいだろうか。少なくとも、3つの有効な方法がある。第1には、当たり前とも言えるが誤認知を減らすことである。意見が合わないことは相手が嫌いであるということを直接意味するわけではない。目標が明確に設定されていて、それに向けて生産的な活動を行うことが重視される職場等でのチームでは、時に熾烈な意見の対立が発生するかもしれない。その対立を「私のことが嫌いだから」「性格が合わない」と解釈するのではなく、より良い目標の達成に向けて必ず通らなければならないプロセスなのだと理解するだけで、誤認知は低減されるかもしれない。チアキのようなチームのリーダー的な立場の人物が、話しあいのたびにその点を確認することも有効であろう。

　第2に、上記の誤認知の発生を防ぐという意味でも、チームに対する信頼を維持することである。これまでの研究から、チームのメンバーに対する信頼が高いほど、課題葛藤と関係葛藤の関連が小さくなることがわかっている（Curşeu & Schruijer, 2010）。チームのメンバーがこれまでに携わって成功してきた仕事の話などを具体的に共有しあうことで、メンバー間の信頼を高めあうことができるかもしれない。課題葛藤の良い側面を利用して生産性を高めるためにも、まずはメンバー間での強固な信頼関係を形成し、それを維持する努力がなされるべきであろう。

　第3に、メンバー間での**情報共有**を積極的に行うことである。今回紹介したようなチームでの打ち合わせ場面では、それぞれが担当している部分の進捗の様子を報告し、それをもとに選択や決定が行われるという流れを経ることが多い。そこで十分な情報共有がメンバー間で行われなかった場合、問題の重要度

や状況の認識に差が生じてしまい、よりよい選択や決定をしそこねてしまうことはこれまでの集団意思決定研究から示されてきている（Stasser & Titus, 1985）。チームで活動することの利点の1つは分業ができることではあるが、最終的にはそれぞれが行ってきた作業をひとつの形に統合する必要がある。そこで情報が欠落したり、意図したように共有されなかったりすることはチームの生産性にとって不利である。「当たり前のことだから言う必要がないだろう」などとは思わず、十分に情報共有のための時間を確保するべきである。

　3人寄れば文殊の知恵、ということわざがあるように、チームは個人では出てこないような新しいアイデアを創出したり、複雑なタスクを完遂する役目を担ったりする。しかし同時に、人が集まるところには必ずトラブルが発生することは日々の経験からも明らかである。そのトラブルがどのような原因から発生しているのか、共通の目標をもつ仲間としての信頼関係は維持されているのか、メンバー間での情報共有に問題がないか、という点を改めて確認しよう。チーム内の揉め事をどのように分析し、対応するかで、集団の生産性にも大きな違いが生じるのである。

（村山　綾）

Episode 62：あの人とは、意見も性格も合わないんです　　　　171

Episode 63

あんなやつらと同じチームでプレーするなんて……

＊ keywords ＊集団間葛藤　泥棒洞窟実験　上位目標

　県立烏野高校２年生のタカシは、所属するバスケットボール部では、みんなを盛り立てながらつらい練習にも取り組むムードメーカーです。クラブの先輩や仲間からの信頼も厚く、３年生の先輩が引退した後の新キャプテンにも任命され張り切っています。ただ烏野高校バスケ部は強豪校といえるレベルの強さではなく、成績の良い年でも県大会のベスト８に進出できればよく健闘したと評価されるレベルです。けれども烏野高校バスケ部には、決して負けられない相手チームが存在しています。それは同じ市内にある県立稲田高校バスケ部です。烏野高校と稲田高校とのあいだでは、開校以来、毎年クラブの交流戦が開催されているのですが、人気のバスケ部は特に注目の的です。今年の交流戦では、クリーンにゲームを進めようとする烏野高校に対し、稲田高校が反則寸前の汚いラフプレーをしつこく仕掛けてきた結果、先輩たちの学年のチームは実力を出し切れず負けてしまいました。引退した先輩たちから来年こそは、タカシたちの学年のチームで稲田高校に雪辱を果たしてほしいと期待され、タカシたちが中心の新チームのメンバーも「あんな汚いやつらに負けてたまるか」とラフプレーへの対抗策も練り、自分たちこそはと意欲に燃えていました。しかしそんなある日、これまでもうわさには上っていた県立高校の統廃合についての具体的計画が、地元の新聞の報道で明らかになりました。それはよりにもよって烏野高校と稲田高校とが統合されるという計画でした。これまで対立していた稲田高校のバスケ部と同じチームになるなんてどうすればいいのでしょうか。

■■■**解説**：エピソードの２つのバスケ部の対立のような**集団間葛藤**（p.175参照）はどのようにすれば解消できるのであろうか。このテーマに関しては、有名な社会心理学の古典的なフィールド実験が存在する。それはシェリフら（Sherif et al., 1961）が 11・12 歳の少年たちが参加したサマーキャンプを利用して実施したもので、「**泥棒洞窟実験**」と呼ばれ知られている（p.175 参照）。まず

実験の参加者になっていることを知らされていない少年たちが、別々のキャンプ小屋で生活するためにランダムに2つの集団に分けられた。しばらく集団生活を送るうちに、各集団には自然とリーダーが生まれ、それぞれイーグルスとラトラーズという名前ももつようになり、一定の規範や団結心が形成されていった。次の段階で、集団間の競争的な状況を作り出すために綱引きなどのスポーツの対抗試合が開催された。対抗試合ははじめ友好的に行われていたが両集団の対抗意識が高じて、しだいに野次り合いが起こるなど集団間は対立・葛藤する状況へと至った。そして、負けたイーグルスが腹いせに相手集団の象徴である旗を燃やし、対抗してラトラーズ側が報復に出るなど、罵り合いや殴り合いをするまでに対立・葛藤状況は深刻化していった。この段階に至って実験者は、深刻化した集団間の葛藤を解決させるために、両集団で協力して取り組まないと達成できない**上位目標**（キャンプ生活に必要な食糧を運ぶトラックを両集団で協力して引っ張るなど）を導入した。すると両集団のメンバーはその上位目標を達成するため集団の垣根を越えて協働的に作業し個人的な交流を行うなかで、しだいに相手集団への敵対的な感情を低減させ、最終的には集団間の葛藤が解消するに至ったのである。泥棒洞窟実験は、サマーキャンプでランダムに分けられた2つの集団間の葛藤という人工的な状況を対象としているとはいえ、現実に集団間で生じた葛藤を解決させる要因を明らかにしたとして高い評価を受けている。しかし現実の世界での集団間の葛藤では、そもそも上位目標を導入し、状況を制御できる実験者のような立場の者は存在せず、問題の解決はなかなか容易ではないことも指摘しておきたい。

（石盛　真徳）

Episode 64

あこがれのバスケットボール部での活動

* keywords *集団凝集性　集団間葛藤　泥棒洞窟実験　謝罪

　タカシは今年の4月に森王高校に入学し、バスケットボール部に入部しました。小学校からバスケットボールを続け、中学時代には全国大会出場も経験したタカシにとって、森王高バスケ部への入部は大きな目標の1つでした。森王高バスケ部は、毎年のようにインターハイに出場する伝統ある強豪校で、2つ上の学年には、全国大会でMVPに輝いたこともある同世代のスーパースター、佐藤選手が在籍しています。バスケ部に入部した当初、タカシは、部内の決まり事の多さや、夏の全国大会に向けた強化合宿のあまりの厳しさに戸惑ったものの、今ではそれにも慣れ、逆に心地よいと感じるようになってきました。そして、迎えたインターハイ予選、タカシは1年生ながらベンチ入りを果たしました。

　チームは順当に決勝戦まで勝ち上がりました。チームメンバーのみんなが、文字通り一丸となって手にした決勝戦への切符です。勝利するごとにチームの士気は高まっていき、メンバーの息がぴったりと合ってきたことをタカシは実感していました。決勝戦は終始接戦となる展開でしたが、延長戦の末、惜しくも1点差で負けてしまいました。試合後、試合終了間際でフリースローを2回連続で外してしまった佐藤選手は、泣きながら「自分のせいだ。チームのみんなに申し訳ない」と謝っていました。その様子にタカシは胸を打たれました。負けてしまったものの、チームのまとまりや、団結力はいっそう強まったように感じられました。このチームで来年こそは全国大会に出場するのだ、とタカシをはじめ、チームのメンバーたちは強く心に誓い、翌日から、また厳しい練習を再開したのでした。

■■■解説：集団の「まとまり」や「団結」はどのように作り上げられるものなのだろうか。これらは**集団凝集性**という用語に置き換えることができる。初期の研究から、凝集性の高い集団を作るためにはその集団を形成するメンバーの魅力が大きな役割を果たしていることが示されている（Lott & Lott, 1965）。

タカシにとっては、そのチームに所属するスター選手である佐藤選手の存在や、何度もインターハイ出場経験があるチームの強さが魅力となる。そしてその魅力が、そのチームにとどまってともに切磋琢磨したいという気持ちの源泉となる。

　凝集性をさらに高めるには、他の集団との争い、つまり**集団間葛藤**（p.172 参照）の経験が有効かもしれない。シェリフら（Sherif et al., 1961）が行った実験（**泥棒洞窟実験**, p.172 参照）で少年たちは、お互いの存在を知らない２つの集団に分けられ、さまざまな活動をともにした。活動を通して、少年たちは所属する集団のメンバーに対する信頼や結束を高めていった。そして十分に仲良くなった段階で、別の集団の存在を知らされる。集団同士で競い合う活動を通して、少年たちは相手集団への敵対心を示すとともに、自分の集団に対する信頼や結束をよりいっそう強めていったのである。また近年の研究では、失敗に対してメンバーが**謝罪**することで集団凝集性が高まるという結果も示されている（Irwin et al., 2014）。たとえ負けてしまっても、試合後にチーム内での絆が強まった、チームとしての活動を今後続けたい、というタカシの経験の背景には、実は他集団との競争の経験や、メンバーによる謝罪によって生み出される効果が影響しているのである。

　集団凝集性の高さは集団の目標達成のための良い要素となりえるが、同時にいくつかのデメリットも存在する（本間, 2011）。第１に、集団内でのルールがひとたび確立すると、それに対して強く反論しにくくなってしまう。結果として、集団内の少数派の意見がくみ取られにくい環境を生み出したり、離脱希望者に対する攻撃行動につながったりしてしまう。不良集団から抜け出したいと言ったがために、仲間から暴力をふるわれた少年の事件などの背景のひとつには、高すぎる凝集性が関わっているのかもしれない。第２に、メンバー間でのコミュニケーションに時間を多く消費する結果、外部からの情報が取り込まれにくくなる。それゆえ、時に間違った集団決定を下してしまう可能性がある。

　このようなデメリットを十分理解し、その発生を極力低減させることができれば、所属集団の凝集性は目標達成のための強力な要因になりえるだろう。

（村山　綾）

Episode 65

協力するかは周囲の人々の行動しだい

＊keywords＊協力　非協力　非協力の優越　囚人のジレンマ　社会的ジレンマ　社会的感受性モデル

　　大学生のキンヤは、いじめに関する報道を見て胸が締めつけられた。キンヤが中学生の時、いじめっ子がいつもカズユキに暴力をふるっていた。キンヤは親友のトモアリから、同じ小学校で昔遊んだ仲だったカズユキを一緒に庇おうと相談を受けた。しかし、キンヤは行動に移せず、一人で庇ったトモアリがいじめっ子のあらたな標的となった。トモアリへのいじめがエスカレートし、クラス全員から無視をされるといういじめを受けた。いじめっ子がこの完全無視を先導していた。キンヤは無視の禁を破ってトモアリと話そうと試みたが、躊躇してしまい、結局は無視という形でいじめに加担してしまう苦悩の日々を過ごした。他の同級生も同じように無視をしていじめに加担していた。いじめが数週間続き、重々しい空気が支配する学級に変化が起こった。いじめっ子が体調不良で数日間休んだのだ。キンヤは勇気をもって、トモアリに話しかけ、謝罪した。友だちなのに無視して、ごめんと。キンヤはいじめっ子が戻ってきても無視の禁を破り、いじめっ子と闘う決意をした。他の同級生に協力を呼びかけたが、自分が標的にされたくないという思いは強く、協力を約束してくれたのはカズユキと正義感の強いヨシトのみだった。いじめっ子が学校に戻ってきた。キンヤ、ヨシト、カズユキは、トモアリを囲んで談笑した。いじめっ子は、その3人を睨みつけ、放課後に呼び出して恫喝した。しかし、翌日も翌々日も3人は負けずにトモアリと話し続けた。するとその3日後、他の2人の同級生がトモアリを囲む談笑に加わった。4日後にはさらに3人と、その輪は増えていき、1週間後にはトモアリを無視する同級生はいなくなった。

■■■■解説：カズユキやその後のトモアリへのいじめにおいて、同級生間に生じた利害関係は、ジレンマと呼ばれる個人と集団の利益の葛藤状態にあった。このジレンマは、個人が**協力**か**非協力**行動を選択し、それら選択の帰結として生起する利益葛藤であり、以下の2つの条件に特徴づけられる（Dawes, 1980）。

176　　第6章　親しさのなかの「まとまり」と「つながり」：集団の視点

1つ目は、協力よりも非協力を取る方が、個人にとって望ましい結果を得ることができることである。これを**非協力の優越**という。2つ目は、全員が自分にとって個人的に有利な非協力を取ると、全員が協力を取った場合よりも、誰にとっても望ましくない結果が生まれることである。まず、トモアリがキンヤに一緒にカズユキを庇おうと相談した時、2者間のジレンマである**囚人のジレンマ**が成立していた。互いに庇うという協力か非協力かを選択でき、相互協力はカズユキへの暴力を阻止できるが、非協力の方がいじめの標的にならないという点で優越するため、互いに非協力を選択することが合理的となる。

　さらに、トモアリへの集団無視といういじめに関しても、キンヤを含むクラスメートのあいだで、3人以上の葛藤状態である**社会的ジレンマ**が成立していた。同級生は無視に加担しないという協力を選択するかしないかを決めるが、加担しないといじめっ子から次の標的とされる可能性があるのに対し、加担（非協力）し続けるかぎり自身の安全が守られる点で非協力が優越している。全員が本心ではいじめに加担したくないと思っていても、合理的に非協力を選択するかぎり、いじめが継続される。

　この例のように、非協力が優越する社会的ジレンマにおいて、相互協力の達成は容易ではないが、他の同級生がどのぐらい協力を選択し、また協力すると期待できるかが社会的ジレンマを解決する上で重要になる。いじめをやめようというキンヤの呼びかけ後、初期値としての協力者はキンヤを含め3人だった。しかし、日が経つにつれ、協力者が増え、最後は全員が協力した。これは、周囲の何割が協力すれば自身も協力するという閾値に関する**社会的感受性モデル**（Granovetter, 1978）で説明できる。周囲に3人の協力者がいるからと協力に転じた他の同級生の存在が、さらなる同級生へ影響を与えるという循環的なプロセスが作用し、いじめの解決を導いたのだ。ただし、同級生の社会的感受性の分布によっては、初期値の3人が、誰の協力も引き出せず、次第に協力者が減り、キンヤさえ非協力に転じる可能性もある。また、正義感が強いヨシトがいるなら、他の同級生もきっと協力に転じるだろうという特定の関係に基づく安心が、他者の協力の期待に対して重要な役割を果たすこともある。　　　　（谷田　林士）

Episode
66

迷惑なのはだれか？

＊ keywords ＊ 社会的迷惑　社会的影響性　社会的合意性

　12月のある日、大学3年生のモエは、相談したいことがあると言って、先輩のユキホと駅前のカフェで待ち合わせをしました。モエはいつも通りキャラメル・マキアートにハチミツとシロップを加えています。こちらも甘党なはずのユキホは、なぜか今日に限ってブラックコーヒーを飲んでいます。

　席に着くとすぐに、モエが話し始めました。モエは最近、アルバイト先の居酒屋に困った従業員が多くて迷惑しています。1人目は、2歳下の大学生・ソウタ。彼は以前から当日になって急に欠勤することが多かったのですが、先週、ついに無断欠勤をしました。モエは何度も電話をしましたが、その日ソウタとは連絡がつきませんでした。翌日、何事もなかったように出勤してきたソウタにモエが無断欠勤の理由をたずねると、「体調が悪くなったっす、すみません」と言っただけでした。2人目は、7歳上の正社員・リョウコ。彼女には、他人のウワサや悪口をほかの従業員に言いふらすクセがありました。モエ自身はリョウコから特に被害を受けていませんでしたが、「アイツだけは絶対許せない」と言うほど腹を立てている従業員もいます。昨日の閉店後も、リョウコの悪口のターゲットにされた後輩を、モエは深夜までなぐさめる羽目になりました。

　……と、モエがここまで話した時点で、待ち合わせから3時間が経過していました。実はこの日、ユキホは3日後に控えている卒業論文の提出締め切りに追われ、疲れと睡眠不足でフラフラでした。しかし、そんなユキホの様子にまったく気づかないモエのおしゃべりは一向に終わりません。結局、ユキホが帰宅した時、時刻はすでに夜の11時を回っていました。

■■■解説：エピソードの中盤まで、モエはやっかいなことに巻き込まれたかわいそうな人物として描かれている。しかし最後には、そのモエ自身もやっかいな人物であったことが判明する（ユキホが今日にかぎってブラックコーヒーを飲んでいる時点で、モエは彼女のいつもと違う様子に気づくべきだったかもしれない）。モエは、迷惑行為の被害者（認知者）であると同時に、加害者（行為者）でもあったので

ある。

　ある人が自分自身の欲求を満たそうとすることで他者に不快感を抱かせる行為を**社会的迷惑**という（吉田ら，2009）。この定義から、セクハラやパワハラなどと同じように、行為者にそのつもりがなくても、認知者が迷惑と感じていれば社会的迷惑は生じていることがわかる。しかし一方で、どのような行為を迷惑と見なすかの基準は、一人ひとりの個人によってかなり異なる。そのため、やみくもに社会的迷惑を受けたと主張しても、他者から共感や同情を得ることは難しいだろう。社会的迷惑に対するみずからの認知が妥当と見なされるためには、その行為が、自分以外の他者や社会全体に対して迷惑をかけている、自分以外の他者も実際に迷惑と感じている、という2点を他者に理解してもらう必要がある。これらはそれぞれ、**社会的影響性**と**社会的合意性**と呼ばれる。

　人間関係における社会的迷惑としては、特に以下の3つがあげられる（吉田ら，2009）。1つ目は、集団活動に影響する迷惑行為であり、居酒屋での業務や従業員に対するソウタのふるまいがあてはまる。2つ目は、集団内の人間関係に影響する迷惑行為であり、ほかの従業員に対するリョウコのふるまいがあてはまる。3つ目は、対人的迷惑行為であり、ユキホに対するモエのふるまいがあてはまる。対人的迷惑行為は、単なる顔見知りよりも気の許せる友人関係で起きやすい（図66-1）。

　社会的迷惑に関する判断基準のあいまいさは、だれもが社会的迷惑の認知者にも行為者にもなりうることを意味している。
したがって、円滑な社会生活を送るためには、他者が自分の行動を不快に思わないだろうかと、日頃から気を配ることが大切だろう。

（浅野　良輔）

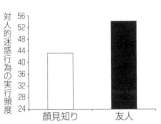

図66-1　顔見知りと友人に対する対人的迷惑行為の実行頻度
（小池・吉田，2005 より作成）

Episode 66：迷惑なのはだれか？

Episode 67

やろうか、やるまいか……

* keywords *計画的行動理論　行動意図　環境配慮行動　健康行動　寄付行動　避難行動

　　ある日曜の朝、インターホンが鳴った。昨日夜遅くまで遊んでいたヒデキが、眠い目をこすりながら出ると、画面に映っていたのは隣の家のおばちゃんだった。「なんやまだ寝てたんかいな。自治会の回覧板で知らせてあったけど、今日この地区の清掃活動だからね。もうじき始めるから絶対おいでや」。

　　ヒデキは、生まれも育ちもこの地区の27歳。もちろん自分の生まれ故郷であるこの町に愛着をもっているし、ヒデキにとって町の清掃活動に参加することは、普段であればごく当然のことであった。ただしこの二日酔いと眠気さえなければ。ボーっとした頭のなかでは、「町のために出るべきだ」という声と、「しんどいから止めようぜ」の声が戦っていた。2つの声がせめぎあい、なかなか結論が出ない中、頭のなかに出てきたのはさっきの隣のおばちゃんであった。このおばちゃんには、小さい頃から可愛がってもらい、時には特大の雷も落とされた。ヒデキの愛すべき、大切なお隣さんである。「もし清掃活動に行かなかったらどうなるだろう？」、そう考えた時、おばちゃんの悲しそうな顔と怒っている顔が浮かんだ。ヒデキは、「行くぞ」という気合いのかけ声とともに、ゴミ袋片手に家を出たのであった。

■■■解説：人が自分の思った通りに行動しているかといえば、必ずしもそうではない。むしろ「やる（行動する）」か、「やらない（行動しない）」かを迷いながら日々の生活を送っているのが、多くの人の実情だろう。

　　個人の行動を説明する理論に**計画的行動理論**（Ajzen, 1991）がある。この理論によると、個人の行動に直接影響を及ぼすのは**行動意図**である。まさにヒデキが「行くぞ」と意図したからこそ、ゴミ袋を持って清掃活動に出かけたのである。では行動意図に何が影響を及ぼすのかというと、大きく3つの要因があるとされている。1つは**行動に対する態度**であり、町の清掃活動に参加するこ

180　第6章　親しさのなかの「まとまり」と「つながり」：集団の視点

とを当然に思っていることや、「町のために出るべき」といったものが、清掃活動に対するヒデキの態度である。そして、ヒデキのように清掃活動に肯定的な態度を持っている個人ほど、清掃活動への参加の意図が高くなるということは、想像に難くないだろう。

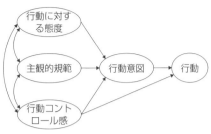

図 67-1　計画的行動理論のモデル図

　しかし話は（人間は）それほど単純ではなく、態度と行動が一致しない（「やらないといけないができない」）ことも少なくない。ヒデキが二日酔いと眠気でためらったように、行動を実行できるかどうかという**行動コントロール感**（実行可能性の認知）も行動意図に影響を及ぼす要因の１つである。ヒデキの場合、幸い二日酔い程度だったので清掃活動がまだ実行可能であったが、もしこれが急性アルコール中毒で入院するような事態だったら、清掃活動に参加しようと思わないであろうし、またどれだけ参加したくても実際できないだろう。

　行動意図に影響を及ぼす３つ目の要因は、自分にとって重要な他者からの期待である**主観的規範**である。見ず知らずの他人ではなく、よく知っている大事な隣のおばちゃんが清掃活動に参加することを期待するからこそ、ヒデキはその期待に応えるべく、参加しようと決めたのである。

　この計画的行動理論は、事例で示したような**環境配慮行動**だけでなく、**健康行動**や**寄付行動**、災害時の**避難行動**など、さまざまな社会的行動を説明できる理論として有効であることが明らかにされている。

（加藤　潤三）

Episode 68

人をつなぎ、社会をつむぐモノ

＊ keywords ＊コミュニケーション・メディア　SNS　SNS の機能

　今日は友だちのアカリが遊びに来る日です。せっかくなので、何かご飯を作ってもてなそうとミツキは思っていました。タブレットを使い、インターネットのレシピサイトで「ポークピカタ」を検索し、レシピに従って下ごしらえを始めていました。すると、スマートフォンから「ピポーン！」と音が鳴りました。メッセージが来たようです。ミツキはスマートフォンを確認しました。「ごめーん、ちょっと遅れるね」アカリからです。ミツキは「大丈夫、待ってるねー」とメッセージを返しました。2 人は大学の同級生です。入学時のガイダンスで隣の席に座っていた 2 人は友だちになり、メッセージアプリケーションのユーザー ID を交換しました。2 人はメッセージでいろいろなやりとりをします。たとえば、通学中のエピソードを話したり、たまたま発見したおもしろい看板について写真を共有したりしています。

　さて、アカリがミツキの家にやってきました。ご飯もできて楽しく食事を始め、いろいろな話で盛り上がっているようです。そして、共通の友人であるハルカのアルバイト先のバルの話に話題が進み、SNS にあるページを見ることにしました。ハルカのアルバイト先は日々のお勧めメニューや本日の予約状況を公開し、宣伝しています。さらに、そのバルに来てくれた人や、また来たことがない人のコメントにもハルカはスタッフとして返信しています。「ハルカ、楽しそうだねー」とミツキが言うと、アカリは「今度 2 人でハルカのバルに行こうよー」と言いました。2 人の話はまだまだ尽きないようです。

■■■解説：コミュニケーション・メディアとはコミュニケーションを行うための媒体である。狭い意味ではインターネットやアプリケーションといったコミュニケーションを行うためのサービスやシステムを指す。また、これらに加え、インターネット等を扱うための電子機器（たとえば、スマートフォン、タブレット、パーソナルコンピュータ）を含めた広い意味としてとらえることもできる。
　コミュニケーション・メディアのなかでも、近年の主流として SNS（ソーシ

ャル・ネットワーキング・サービス）がある。SNSとは、インターネットを介して対人関係を構築・維持するサービスである。基本的にはそれぞれのSNSにユーザー登録をし、相手に自分のユーザーIDを教えることで、その相手とのやりとりができる。ミツキとアカリは、入学時のガイダンスでユーザーIDを交換することで、メッセージのやりとりができるようになった。

　SNSにはいくつかの機能があり、その機能はわれわれに種々の望ましい影響をもたらしている。たとえば、ユーザー同士のコミュニケーション機能である（総務省, 2014）。特に、友人や知り合いといった関係でのコミュニケーションが主たる機能の1つである。この機能では、文字だけでなく写真や動画もやりとりできる。ミツキとアカリのやりとりはSNSのこの機能をいかしたものである。このような機能は知り合いとのやりとりを促進し、関係を深めるきっかけになる。また、SNSには共通の興味や趣味をもつユーザーとあらたな関係を構築できる機能もある（総務省, 2014）。見ず知らずの人にハルカが返信できるのも、SNSのこの機能である。加えて、バルにまだ来たことがない人は、ハルカからこれまで知らなかった情報を得ることができる。このように、SNSは多様な情報取得を促進し、問題解決に役立つ（Asghar, 2015）。

　だが、**SNSの機能**は必ずしも望ましい影響だけをもたらすわけではない。たとえば、やりとりの頻繁さそのものがストレスになることもあるだろう（Lee et al., 2016）。また、自分と似た考え方の人たちだけと関係をもつことで、考えや価値観が偏ってしまうおそれもある（Hertz, 2013）。他者の投稿を見て自分と比べることで自信を失うことや（Vogel et al., 2014）、SNSにあふれる過剰な情報に疲労することもある（Lee et al., 2016）。さらに、いじめや仲間はずれの舞台（Bastiaensens et al., 2014）となり、社会問題となっている（総務省, 2015）。

　こういったSNSの光の側面と影の側面を理解して上手に活用する知識を身につけることは、私たちの生活を豊かにするといえるだろう。

（古谷　嘉一郎）

【引 用 文 献】

1. Asch, S. E.（1946）. Forming impressions of personality. *The Journal of Abnormal and Social Psychology, 41*, 258-290.

   山岸　俊男（2011）. カラー版徹底図解社会心理学　新星出版社

2. Cronbach, L. J.（1955）. Processes affecting scores on "understanding of others" and "assumed similarity". *Psychological Bulletin, 52*, 177-193.

   林　文俊（1978）. 対人認知構造の基本次元についての一考察　名古屋大学教育学部紀要（教育心理学科）, *25*, 233-247.

   Kelley, H. H.（1967）. Attribution theory in social psychology. In D. Levine（Ed.）, *Nebraska symposium on motivation*（Vol.15, pp.192-238）. University of Nebraska Press.

3. Berry, D. S., & McArthur, L. Z.（1985）. Some components and consequences of a babyface. *Journal of Personality and Social Psychology, 48*, 312-323.

   Fiedler, F. E., Warrington, W. G., & Blaisdell, F. J.（1952）. Unconscious attitudes as correlates of sociometric choice in a group. *Journal of Abnormal and Social Psychology, 47*, 790-796.

   Gilovich, T., Savitsky, K., & Medvec, V. H.（1998）. The illusion of transparency: Biased assessments of others' ability to read one's emotional states. *Journal of Personality and Social Psychology, 75*, 332-346.

   Newcomb, T. M.（1931）. An experiment designed to test the validity of a rating technique. *Journal of Educational Psychology, 22*, 279-289.

   Snyder, M., Tanke, E. D., & Berscheid, E.（1977）. Social perception and interpersonal behavior: On the self-fulfilling nature of social stereotypes. *Journal of Personality and Social Psychology, 35*, 656-666.

4. 縄田　健悟（2014）. 血液型と性格の無関連性 —— 日本と米国の大規模社会調査を用いた実証的論拠 —— 心理学研究, *85*, 148-156.

   坂元　章（1995）. 血液型ステレオタイプによる選択的な情報使用　実験社会心理学研究, *35*, 35-48.

5. Epley, N., Keysar, B., Van Boven, L., & Gilovich, T.（2004）. Perspective taking as egocentric anchoring and adjustment. *Journal of Personality and Social Psychology, 87*, 327-339.

   Gilbert, D. T., & Malone, P. S.（1995）. The correspondence bias. *Psychological Bulletin, 117*, 21-38.

   Jones, E. E., & Davis, K. E.（1965）. From acts to dispositions: The attribution process in person perception. In L. Berkowitz（Ed.）. *Advances in experimental social psychology*（Vol.2, pp.219-266）. New York: Academic Press.

   Jones, E. E., & Harris, V. A.（1967）. The attribution of attitudes. *Journal of Experimental Social Psychology, 3*, 1-24.

   Ross, L. D., Amabile, T. M., & Steinmetz, J. L.（1977）. Social roles, social control, and biases in social perception processes. *Journal of Personality and Social Psychology, 35*, 485-494.

   Van Boven, L., & Loewenstein, G.（2003）. Social projection of transient drive states. *Personality and Social Psychology Bulletin, 29*, 1159-1168.

6. Bargh, J. A.（1994）. The Four Horsemen of automaticity: Awareness, efficiency, intention, and control in social cognition. In R. S. Wyer, Jr., & T. K. Srull（Eds.）, *Handbook of social cognition*（2nd ed., Vol.1, pp.1-40）. Hillsdale, NJ: Erlbaum.

Haney, C., Banks, W. C., & Zimbardo, P. G. (1973). A study of prisoners and guards in a simulated prison. *Naval Research Review, 30*, 4-17.

Higgins, E., Rholes, W. S., & Jones, C. R. (1977). Category accessibility and impression formation. *Journal of Experimental Social Psychology, 13*, 141-154.

7. Williams, L. E., & Bargh, J. A. (2008). Experiencing physical warmth promotes interpersonal warmth. *Science, 322*, 606-607.

Zhong, C. B., & Leonardelli, G. J. (2008). Cold and lonely does social exclusion literally feel cold? *Psychological Science, 19*, 838-842.

8. Nussbaum, S., Liberman, N., & Trope, Y. (2006). Predicting the near and distant future. *Journal of Experimental Psychology: General, 135*, 152-161.

Trope, Y., & Liberman, N. (2010). Construal-level theory of psychological distance. *Psychological Review, 117*, 440-463.

9. Berscheid, E., & Walster, E. (1969). *Interpersonal attraction.* Addison-Wesley.（バーシェイド，E. & ウォルスター，E. 蜂谷　良彦（訳）(1978). 対人的魅力の心理学　誠信書房）

Byrne, D., & Nelson, D. (1965). Attraction as a linear function of proportion of positive reinforcements. *Journal of Personality and Social Psychology, 1*, 659-663.

Dion, K., Berscheid, E., & Walster, E. (1972). What is beautiful is good. *Journal of Personality and Social Psychology, 24*, 285-290.

Festinger, L., Schachter, S., & Back, K. (1950). *Social pressures in informal groups: A study of human factors in housing.* New York: Harper.

奥田　秀宇（1997）. 人をひきつける心 —— 対人魅力の社会心理学 —— 　サイエンス社

戸田　弘二（1994）. 刺激人物に関する情報量と対人魅力における身体的魅力の効果 —— 美しさは皮一枚 —— 　対人行動学研究, *12*, 23-34.

Walster, E., Aronson, V., Abrahams, D., & Rottman, L. (1966). Importance of physical attractiveness in dating behavior. *Journal of Personality and Social Psychology, 4*, 508-516.

Zajonc, R. B. (1968). Attitudinal effects of mere exposure. *Journal of Personality and Social Psychology Monographs Supplement, 9*, 1-27.

10. Dutton, D. G., & Aron, A. P. (1974). Some evidence for heightened sexual attraction under conditions of high anxiety. *Journal of Personality and Social Psychology, 30*, 510-517.

White, G. L., Fishbein, S., & Rutstein, J. (1981). Passionate love and the misattribution of arousal. *Journal of Personality and Social Psychology, 41*, 56-62.

11. 明田　芳久（1994）. 対人魅力　明田　芳久・岡本　浩一・奥田　秀宇・外山　みどり・山口　勧（著）　ベーシック現代心理学：社会心理学（pp.81-96）　有斐閣

Berscheid, E., & Walster, E. (1969). *Interpersonal attraction.* Addison-Wesley.（バーシェイド，E. & ウォルスター，E. 蜂谷　良彦（訳）(1978). 対人的魅力の心理学　誠信書房）

Heider, F. (1958). *The psychology of interpersonal relations.* New York: Wiley.（ハイダー，F. 大橋　正夫（訳）(1978). 対人関係の心理学　誠信書房）

12. Festinger, L. (1957). *A theory of cognitive dissonance.* Evanston, IL: Row, Peterson & Company.（フェスティンガー，L. 末永　俊郎（監訳）(1965). 認知的不協和の理論　誠信書房）

Jecker, J., & Landy, D. (1969). Liking a person as a function of doing him a favour. *Human Relations, 22*, 371-378.

13. 安藤　清志（1995）. 自己　安藤　清志・大坊　郁夫・池田　謙一（共著）　社会心理学（pp.37-57）　岩波書店

中村　雅彦（1984）．自己開示の対人魅力に及ぼす影響　心理学研究, *55*, 131-137.

Pliner, P., & Chaiken, S.（1990）. Eating, social motives, and self-presentation in women and men. *Journal of Experimental Social Psychology, 26*, 240-254.

谷口　淳一（2001）．異性に対する自己呈示方略に関する実験的研究―― 自己呈示ジレンマ状況における魅力度と重要度の効果 ―― 対人社会心理学研究, *1*, 93-106.

14. Altman, I., & Taylor, D. A.（1973）. *Social penetration: The development of interpersonal relationships*. New York: Holt, Rinehart & Winston.

Berg, J. H., & Clark, M. S.（1986）. Differences in social exchange between intimate and other relationships: Gradually evolving or quickly apparent? In V. J. Derlega & B. A. Winstead（Eds.）, *Friendship and social interaction*（pp.101-128）. New York: Springer.

山本　恭子・鈴木　直人（2008）．対人関係の形成過程における表情表出　心理学研究, *78*, 567-574.

山中　一英（1994）．対人関係の親密化過程における関係性の初期分化現象に関する検討　実験社会心理学研究, *34*, 105-115.

15. Ambady, N., & Weisbuch, M.（2010）Nonverbal Behavior. In S. T. Fiske, D. T. Gilbert, & G. Lindzey（Eds.）, *Handbook of Social Psychology*（5th ed., pp.464-497）. New Jersey: John Wiley & Sons, Inc.

大坊　郁夫（1998）．しぐさのコミュニケーション ―― 人は親しみをどう伝えあうか ―― サイエンス社

Ekman, P., & Friesen, W. V.（1971）. Constants across cultures in the face and emotion. *Journal of Personality and Social Psychology, 17*, 124-129.

木村　昌紀（2010）．人間関係のコミュニケーション　藤森　立男（編著）　人間関係の心理パースペクティブ（p.55-70）　誠信書房

Patterson, M. L.（2011）. *More than words: The power of nonverbal communication*. Barcelona: Editorial Aresta.（パターソン, M. L. 大坊　郁夫（監訳）（2013）．ことばにできない想いを伝える ―― 非言語コミュニケーションの心理学 ―― 誠信書房）

16. Chartrand, T. L., & Bargh, J. A.（1999）. The chameleon effect: The perception-behavior link and social interaction. *Journal of Personality and Social Psychology, 76*, 893-910.

大坊　郁夫（1998）．しぐさのコミュニケーション ―― 人は親しみをどう伝えあうか ―― サイエンス社

Hatfield, E., Cacioppo, J., & Rapson, R.（1994）. *Emotional contagion*. New York: Cambridge University Press.

Hess, U., & Fischer, A.（2013）. Emotional mimicry as social regulation. *Personality and Social Psychology Review, 17*, 142-157.

17. Hall, E. T.（1966, 1990）. *The Hidden Dimension*. New York: Anchor Books.（ホール, E. T. 日高　敏隆・佐藤　信行（訳）（1970）．かくれた次元　みすず書房）

Sommer, R.（1959）. Studies in personal space. *Sociometry, 22*, 247-260.

18. Argyle, M., & Dean, J.（1965）. Eye-contact, distance and affiliation. *Sociometry, 28*, 289-304.

Patterson, M. L.（1976）. An arousal model of interpersonal intimacy. *Psychological Review, 83*, 237-252.

19. 相川　充（2009）．新版 人づきあいの技術 ―― ソーシャルスキルの心理学 ―― サイエンス社

Argyle, M.（1967）. *The psychology of interpersonal behavior*. London: Penguin books.

Berry, J.（1989）. Imposed etics-emics-derived etics: The operationalization of a compelling idea.

International Journal of Psychology, 24, 721-735.

菊池　章夫（1988）. 思いやりを科学する　川島書店

20. Grice, H. P. (1975). Logic and conversation. In P. Cole & J. L. Morgan (Eds.) *Syntax and semantics. Vol.3. Speech act* (pp.41-58). New York: Academic Press.

21. Baumeister, R. F., Bratslavsky, E., Muraven, M., & Tice, D. M. (1998). Ego depletion: Is the active self a limited resource? *Journal of Personality and Social Psychology, 74,* 1252-1265.

    Finkel, E. J., & Campbell, W. K. (2001). Self-control and accommodation in close relationships: An interdependence analysis. *Journal of Personality and Social Psychology, 81,* 263-277.

    Finkel, E. J., Campbell, W. K., Brunell, A. B., Dalton, A. N., Scarbeck, S. J., & Chartrand, T. L. (2006). High-maintenance interaction: Inefficient social coordination impairs self-regulation. *Journal of Personality and Social Psychology, 91,* 456-475.

22. Hovland, C. I., & Weiss, W. (1951). The influence of source credibility on communication effectiveness. *Public Opinion Quarterly, 15,* 635-650.

    Petty, R. E., & Cacioppo, J. T. (1986). The elaboration likelihood model of persuasion. In L. Berkowitz (Ed.), *Advances in experimental social psychology* (Vol.19, pp.123-205). New York: Academic Press.

23. Cialdini, R. B. (2009). *Influence: Science and practice.* (5th ed.) Pearson Education. (チャルディーニ, R. B. 社会行動研究会（訳）(2014)　影響力の武器——なぜ、人は動かされるのか——第三版　誠信書房)

    Cialdini, R. B., Vincent, J. E., Lewis, S. K., Catalan, J., Wheeler, D., & Darby, B. L. (1975). Reciprocal concessions procedure for inducing compliance: The door-in-the-face technique. *Journal of Personality and Social Psychology, 31,* 206-215.

    Freedman, J. L., & Fraser, S. C. (1966). Compliance without pressure: The foot-in-the-door technique. *Journal of Personality and Social Psychology, 4,* 195-202.

24. Asendorpf, J. B., Penke, L., & Back, M. D. (2011). From dating to mating and relating: Predictors of initial and long-term outcomes of speed-dating in a community sample. *European Journal of Personality, 25,* 16-30.

25. Asendorpf, J. B., Penke, L., & Back, M. D. (2011). From dating to mating and relating: Predictors of initial and long-term outcomes of speed-dating in a community sample. *European Journal of Personality, 25,* 16-30.

    Luo, S., & Zhang, G. (2009). What leads to romantic attraction: Similarity, reciprocity, security, or beauty? Evidence from a speed-dating study. *Journal of Personality, 77,* 933-964.

    Wu, K., Chen, C., & Greenberger, E. (2019). Nice guys and gals can finish first: Personality and speed-dating success among Asian Americans. *Journal of Social and Personal Relationships, 36,* 2507-2527.

    国立社会保障・人口問題研究所（2015）. 第15回出生動向基本調査（結婚と出産に関する全国調査）

26. Rubin, Z. (1970). Measurement of romantic love. *Journal of Personality and Social Psychology, 16,* 265-273.

27. Acker, M., & Davis, K. E. (1992). Intimacy, passion, and commitment in adult romantic relationships: A test of the triangular theory of love. *Journal of Social and Personal Relationships, 9,* 21-50.

    Davis, K. E., & Latty-Mann, J. (1987). Love styles and relationship quality: A contribution to validation. *Journal of Social and Personal Relationships, 4,* 409-428.

Hendrick. S. S., Hendrick, C., & Adler, N. L. (1988). Romantic relationships: Love, satisfaction, and staying together. *Journal of Personality and Social Psychology, 54,* 980-988.

金政　祐司・大坊　郁夫 (2003). 愛情の三角理論における３つの要素と親密な異性関係　感情心理学研究, *10,* 11-24.

Kanemasa, Y., Taniguchi, J., Ishimori, M., & Daibo, I. (2004). Love styles and romantic love experiences in Japan. *Social Behavior and Personality, 32,* 265-281.

Lee, J. A. (1977). A typology of styles of loving. *Personality and Social Psychology Bulletin, 3,* 173-182.

Lee, J. A. (1988). Love styles. In R. J. Sternberg & M. L. Barnes (Eds.), *The psychology of love* (pp.38-67). New Haven, CT: Yale University Press.

Sternberg, R. J. (1986). A triangular theory of love. *Psychological Review, 93,* 119-135.

Sternberg, R. J., & Grajek, S. (1984). The nature of love. *Journal of Personality and Social Psychology, 47,* 312-329.

28. Bartholomew, K., & Horowitz, L. M. (1991). Attachment styles among young adults: A test of a four-category model. *Journal of Personality and Social Psychology, 61,* 226-244.

Feeney, J. A. (1995). Adult attachment and emotional control. *Personal Relationships, 2,* 143-159.

Feeney, J. A. (1999). Adult attachment, emotional control, and marital satisfaction. *Personal Relationships, 6,* 169-185.

Hazan, C., & Shaver, P. R. (1987). Romantic love conceptualized as an attachment process. *Journal of Personality and Social Psychology, 52,* 511-524.

金政　祐司 (2009). 青年期の母 —— 子ども関係と恋愛関係の共通性の検討 —— 青年期の２つの愛着関係における悲しき予言の自己成就　社会心理学研究, *25,* 11-20.

金政　祐司 (2010). 中年期の夫婦関係において成人の愛着スタイルが関係内での感情経験ならびに関係への評価に及ぼす影響　パーソナリティ研究, *19,* 134-145.

Shaver, P. R., & Hazan, C. (1988). A biased overview of the study of love. *Journal of Social and Personal Relationships, 5,* 473-501.

Shaver, P. R., Schachner, D. A., & Mikulincer. M. (2005). Attachment style, excessive reassurance seeking, relationship processes, and depression. *Personality and Social Psychology Bulletin, 31,* 343-359.

29. Agnew, C. R., Van Lange, P. A. M., Rusbult, C. E., & Langston, C. A. (1998). Cognitive interdependence: Commitment and the mental representation of close relationships. *Journal of Personality and Social Psychology, 74,* 939-954.

Aron, A., & Aron, E. N. (2000). Self-expansion motivation and including other in the self. In W. Ickes & S. Duck (Eds.), *The social psychology of personal relationships* (pp.109-128). New York: Wiley. (アロン, A・アロン, E. N. 谷口　淳一 (訳) (2004). 自己拡張動機と他者を自己に内包すること　イックス, W.・ダックS. (編)　大坊　郁夫・和田　実 (監訳)　パーソナルな関係の社会心理学　北大路書房)

Aron, A., Aron, E. N., & Smollan, D. (1992). Inclusion of other in the self scale and the structure of interpersonal closeness. *Journal of Personality and Social Psychology, 63,* 596-612.

30. Kelley, H. H., & Thibaut, J. W. (1978). *Interpersonal relations: A theory of interdependence.* New York: Wiley-Interscience.

Rusbult, C. E. (1983). A longitudinal test of the investment model: The development (and deterioration) of satisfaction and commitment in heterosexual involvements. *Journal of Personality and Social Psychology, 45*, 101-117.

31. Gomillion, S., Gabriel, S., & Murray, S. L. (2014). A friend of yours is no friend of mine: Jealousy toward a romantic partner's friends. *Social Psychological and Personality Science, 5*, 636-643.

　　相馬　敏彦・浦　光博 (2007). 恋愛関係は関係外部からのソーシャル・サポート取得を抑制するか —— サポート取得の排他性に及ぼす関係性の違いと一般的信頼感の影響 —— 実験社会心理学研究, *46*, 13-25.

32. Frank, E., & Brandstätter, V. (2002). Approach versus avoidance: Different type of commitment in intimate relationships. *Journal of Personality and Social Psychology, 82*, 208-221.

　　古村　健太郎 (2016). 恋愛関係における接近・回避コミットメントと感情経験，精神的健康との関連　心理学研究, *86*, 524-534.

33. Clark, M. S., & Mills, J. (1979). Interpersonal attraction in exchange and communal relationships. *Journal of Personality and Social Psychology, 37*, 12-24.

34. 井上　和子 (1985). 恋愛関係における Equity 理論の検証. 実験社会心理学研究, *24*, 127-134.

　　奥田　秀宇 (1994). 恋愛関係における社会的交換過程 —— 公平，投資，および互恵モデルの検討 —— 実験社会心理学研究, *34*, 82-91.

35. Kito, M., Yuki, M., & Thomson, R. (2017). Relational mobility and close relationships: A socioecological approach to explain cross-cultural differences. *Personal Relationships, 24*, 114-130.

　　Yamada, J., Kito, M., & Yuki, M. (2017). Passion, relational mobility, and proof of commitment: A comparative socio-ecological analysis of an adaptive emotion in a sexual market. *Evolutionary Psychology, 15*, 1-8.

　　山岸　俊男 (1998). 信頼の構造 —— 心の社会と進化ゲーム —— 東京大学出版会

　　Yuki, M., & Schug, J. (2012). Relational mobility: A socioecological approach to personal relationships. In O. Gillath, G. E. Adams, & A. D. Kunkel (Eds.), *Relationship science: Integrating evolutionary, neuroscience, and sociocultural approaches* (pp.137-151). Washington D. C.: American Psychological Association.

36. Haseltom, M. G., & Buss, D. M. (2000). Error management theory: A new perspective on biases in cross-sex mind reading, *Journal of Personality and Social Psychology, 78*, 81-91.

37. Andersen, S. M., & Chen, S. (2002). The relational self: An interpersonal social-cognitive theory. *Psychological Review, 109*, 619-645.

　　Cooley, C. H. (1902). *Human Nature and the Social Order*. New York：Scribner.

　　Erikson, E. H. (1968). *Identity*, New York, Norton. (エリクソン, E. H. 小此木啓吾 (訳編) (1973). 自我同一性 —— アイデンティティとライフサイクル —— 誠信書房)

　　James, W. (1890). *Principles of psychology*. New York: Henry Holt.

　　上瀬　由美子 (2000) 自己認識欲求の発達的変化　江戸川大学紀要　情報と社会, *10*, 75-81.

　　Mead, G. H. (1934). *Mind, self, and society*. Chicago: University of Chicago Press. (ミード, G. H. (著)　河村　望 (訳) (1995). デューイ＝ミード著作集6　精神・自我・社会　人間の科学新社)

38. Festinger, L. (1954). A theory of social comparison processes. *Human Relations, 7*, 117-140.

39. 柿本　敏克 (2001). 社会的アイデンティティ理論／自己カテゴリー化　山本眞理子・外山　みどり・池上　知子・遠藤　由美・北村　英哉・宮本　聡介 (編)　社会の認知ハンドブック (pp.120-125)　北大路書房

　　西村　太志 (2006). わたし (自己) とは何か？ —— 他者との関わりの観点からみた自己 —— 金政　祐司・石盛　真徳 (編著)　わたしから社会へ広がる心理学 (pp.12-36) 北樹出版

Tajfel, H., & Turner, J. C. (1979). An integrative theory of inter-group conflict. In W. G. Austin & S. Worchel (Eds.), *The Social psychology of intergroup reelations* (pp.33-47). Monterey, CA: Brooks-Cole.

Turner, J. C. (1987). *Rediscovering the social group: A Self-categorization theory*. Oxford: Blackwell.

山岸　俊男（2011）．カラー版徹底図解社会心理学　新星出版社

40. Gollwitzer, P. M., & Bayer, U. (1999). Deliberative versus implemental mindsets in the control of action. In S. Chaiken & Y. Trope. (Eds.), *Dual-Process theories in social psychology* (pp.403-422). New York: Guilford Press.

西村　太志（2006）．わたし（自己）とは何か？―― 他者との関わりの観点からみた自己 ――　金政　祐司・石盛　真徳（編著）　わたしから社会へ広がる心理学（pp.12-36）北樹出版

Sedikides, C. & Strube, M. J. (1997). Self-evaluation: To thine own be good, to thine own self be sure, to thine own self be true, and to thine own self be better. In M. P. Zanna (Ed.), *Advances in experimental social psychology*. (Vol.29, pp.209-270). California: Academic Press.

41. Cialdini, R. B., Borden, R. J., Thorne, A., Walker, M. R., Freeman, S., & Sloan, L. R. (1976). Basking in reflected glory: Three (football) field studies. *Journal of Personality and Social Psychology, 34,* 366-375.

磯崎　三喜年・高橋　超（1988）．友人選択と学業成績における自己評価維持機制　心理学研究, *59,* 113-119.

谷口　淳一（2006）．他者に見せるわたし　金政　祐司・石盛　真徳（編著）　わたしから社会へ広がる心理学（pp.108-130）　北樹出版

Tesser, A. (1988). Toward a self-evaluation maintenance model of social behavior. In L. Berkowitz (Ed.) *Advances in experimental social psychology* (Vol.21, pp.181-227). New York: Academic Press.

42. Leary, M. R., & Baumeister, R. F. (2000). The nature and function of self-esteem: Sociometer theory. In M. P. Zanna (Ed.), *Advances in experimental social psychology* (Vol.32, pp.1-62). San Diego, CL: Academic Press.

Murray, S. L., Holmes, J. G., & Collins, N. L. (2006). Optimizing assurance: The risk regulation system in relationships. *Psychological Bulletin, 132,* 641-666.

Murray, S. L., Rose, P., Bellavia, G. M., Holmes, J. G., & Kusche, A. (2002). When rejection stings: How self-esteem constrains relationship-enhancement processes. *Journal of Personality and Social Psychology, 83,* 556-573.

43. Baumeister, R. F., & Leary, M. R. (1995). The need to belong: Desire for interpersonal attachments as a fundamental human motivation. *Psychological Bulletin, 117,* 497-529.

Eisenberger, N. I., & Lieberman, M. D. (2004). Why rejection hurts: A common neural alarm system for physical and social pain. *Trends in Cognitive Sciences, 8,* 294-300.

Eisenberger, N. I., Lieberman, M. D., & Williams, K. D. (2003). Does rejection hurt? An fMRI study of social exclusion. *Science, 302,* 290-292.

MacDonald, G., & Leary, M. R. (2005). Why does social exclusion hurt? The relationship between social and physical pain. *Psychological Bulletin, 131,* 202-223.

Williams, K. D. (2009). Ostracism: A temporal need-threat model. In M. P. Zanna (Ed.), *Advances in experimental social psychology* (Vol.41, pp.275-314). San Diego, CL: Academic Press.

44. Coyne, J. C. (1976). Toward an interactional description of depression. *Psychiatry, 39,* 28-40.

長谷川　孝治（2008）．自尊心と安心さがしが他者からの拒絶認知に及ぼす影響　人文科学論集〈人間情報学科編〉, *42*, 53-65.

45. Greenberg, J., Pyszczynski, T., & Solomon, S.（1986）. The causes and consequences of a need for self-esteem: A terror management theory. In R. F. Baumeister（Ed.）, *Public self and private self*（pp.189-212）. New York, NY: Springer-Verlag.

Routledge, C., Ostafin, B., Juhl, J., Sedikides, C., Cathey, C., & Liao, J.（2010）. Adjusting to death: The effects of mortality salience and self-esteem on psychological well-being, growth motivation, and maladaptive behavior. *Journal of Personality and Social Psychology, 99*, 897-916.

46. Downey, G., Freitas, A. L., Michaelis, B., & Khouri, H.（1998）. The self-fulfilling prophecy in close relationships. *Personal Relationships, 7*, 45-61.

金政　祐司（2006）　わたしが他者を見る時，他者と関わる時　金政　祐司・石盛　真徳（編著）わたしから社会へ広がる心理学（pp.37-61）　北樹出版

Merton, R. K.（1957）. *Social theory and social structure*. Free Press.（マートン, R. K. 森　東吾・森　好夫・金沢　実・中島　竜太郎（訳）（1961）. 社会理論と社会構造　みすず書房）

村上　史朗（2009）．予言の自己成就　日本社会心理学会（編）　社会心理学事典（pp.432-433）丸善出版

Rosenthal, R., & Jacobson, L.（1968）. *Pygmalion in the classroom: Teacher expectation and pupils' intellectual development*. Holt, Rinehart & Winston.

47. Bolger, N., & Amarel, D.（2007）. Effects of social support visibility on adjustment to stress: Experimental evidence. *Journal of Personality and Social Psychology, 92*, 458-475.

Bolger, N., Zuckerman, A., & Kessler, R. C.（2000）. Invisible support and adjustment to stress. *Journal of Personality and Social Psychology, 79*, 953-961.

Dakof, G. A., & Taylor, S. E.（1990）. Victims' perceptions of social support: What is helpful from whom? *Journal of Personality and Social Psychology, 58*, 80-89.

48. Bradshaw, S. D.（1999）. I'll go if you will: Do shy persons utilize social surrogates? *Journal of Social and Personal Relationships, 15*, 651-669.

西村　太志・古谷　嘉一郎・相馬　敏彦・長沼　貴美・拝田　千喜（2018）．出産前のシャイネスと社会的代理人利用が出産後のサポートネットワークに及ぼす影響　日本社会心理学会第59回大会発表論文集, 51.

Souma, T., Ura, M., Isobe, C., Hasegawa, K., & Morita, A.（2008）. How do shy people expand their social networks? Using social surrogates as a strategy to expand one's network. *Asian Journal of Social Psychology, 11*, 67-74.

49. イチロー・カワチ（2013）．命の格差は止められるか──ハーバード日本人教授の、世界が注目する授業──　小学館

稲葉　陽二（2011）．ソーシャル・キャピタル入門──孤立から絆へ──　中公新書

内閣府国民生活局（2013）．ソーシャル・キャピタル──豊かな人間関係と市民活動の好循環を求めて──　国立印刷局

Putnam, R. D.（2000）. *Bowling alone: The collapse and revival of American community*. New York: Simon & Schuster.（パットナム, R. D. 柴内　康文（訳）（2006）. 孤独なボウリング──米国コミュニティの崩壊と再生──　柏書房）

浦　光博（2005）．対人関係　唐沢　かおり（編）　朝倉心理学講座7　社会心理学（pp.89-110）　朝倉書店

50. Latané, B. & Darley, J. M.（1970）. *The unresponsive bystander: Why doesn't he help?* New York:

Meredith Corporation. (ラタネ, B.・ダーリー, J. M. 竹村研一・杉崎和子 (訳) (1977). 冷淡な傍観者―思いやりの社会心理学―　ブレーン出版)

Rudolph, U., Roesch, S. C., Greitemeyer, T., & Weiner, B. (2004). A meta-analytic review of help giving and aggression from an attributional perspective: Contributions to a general theory of motivation. *Cognition and Emotion, 18*, 815-848.

51. Cacioppo, J. T., & Patrick, W. (2008). *Loneliness: Human nature and the need for social connection.* New York: W. W. Norton & Company, Inc. (カシオポ J. T. & パトリック W. 柴田 裕之 (訳) (2010). 孤独の科学 ―― 人はなぜ寂しくなるのか ――　河出書房)

52. Gross, J. J. (1998). Antecedent- and response-focused emotion regulation: Divergent consequences for experience, expression, and physiology. *Journal of Personality and Social Psychology, 74*, 224-237.

橋本　剛 (2005). 対人ストレッサー尺度の開発　静岡大学人文学部人文論集, *56*, 45-71.

加藤　司 (2000). 大学生用対人ストレスコーピング尺度の作成　教育心理学研究, *48*, 225-234.

53. Gillis, A., & Roskam, I. (2019). Development and validation of the Partner Parental Support Questionnaire. *Couple and Family Psychology: Research and Practice, 8*, 152-164.

Kawamoto, T., Furutani, K., & Alimardani, M. (2018). Preliminary validation of Japanese version of the Parental Burnout Inventory and its relationship with perfectionism. *Frontiers in Psychology, 9*, 970.
https://doi.org/10.3389/fpsyg.2018.00970

Kawamoto, T., & Hiraki, K. (2018). Parental presence with encouragement alters feedback processing in preschoolers: An ERP study. *Social Neuroscience, 14*, 499-504.

Mikolajczak, M., Brianda, M. E., Avalosse, H., & Roskam, I. (2018). Consequences of parental burnout: Its specific effect on child neglect and violence. *Child Abuse and Neglect, 80*, 134-145.

Roskam, I., Brianda, M., & Mikolajczak, M. (2018). A step forward in the conceptualization and measurement of parental burnout: The Parental Burnout Assessment (PBA). *Frontiers in Psychology, 9*, 758.
https://dx.doi.org/10.3389/fpsyg.2018.00758

Roskam, I., Raes, M. E., & Mikolajczak, M. (2017). Exhausted parents: Development and preliminary validation of the parental burnout inventory. *Frontiers in Psychology, 8*, 163.
https://doi.org/10.3389/fpsyg.2017.00163

54. Bettencourt, B. A., Talley, A., Benjamin, A. J., & Valentine, J. (2006). Personality and aggressive behavior under provoking and neutral conditions: A meta-analytic review. *Psychological Bulletin, 132*, 751-777.

Finkel, E. J., DeWall, C. N., Slotter, E. B., McNulty, J. K., Pond, R. S., & Atkins, D. C. (2012). Using I³ theory to clarify when dispositional aggressiveness predicts intimate partner violence perpetration. *Journal of Personality and Social Psychology, 102*, 533-549.

55. Baker, C. R., & Stith, S. M. (2008). Factors predicting dating violence perpetration among male and female college students. *Journal of Aggression, Maltreatment & Trauma, 17*, 227-244.

Cornelius, T. L., Shorey, R. C., & Beebe, S. M. (2010). Self-reported communication variables and dating violence: Using Gottman's marital communication conceptualization. *Journal of Family Violence, 25*, 439-448.

相馬　敏彦・浦　光博 (2010). 「かけがえのなさ」に潜む陥穽 ―― 協調的志向性と非協調的志向

性を通じた二つの影響プロセス ── 社会心理学研究, *26*, 131-140.

56. Bowen, M. (1978). *Family Therapy in Clinical Practice.* NY and London: Jason Aronson.

中村　伸一 (2017). 特別講義Ⅱ　家族療法の基礎　小田切紀子・野口康彦・青木聡 (編) 家族の心理──変わる家族の新しいかたち──(pp.173-189)　金剛出版

Minuchin, S., Nichols, M. P., & Lee, W. Y. (2007). *Assessing families and couples: From symptom to system.* Boston: Pearson/Allyn and Bacon. (ミニューチン，S.・ニコルス，M. P.・リー，W. Y. 中村　伸一・中釜　洋子 (監訳) (2010). 家族・夫婦面接のための4ステップ─症状からシステムへ─　金剛出版)

57. Latané, B., Williams, K., & Harkins, S. (1979). Many hands make light the work: The causes and consequences of social loafing. *Journal of Personality and Social Psychology, 37,* 822-832.

Williams, K. D., & Karau, S. J. (1991). Social loafing and social compensation: The effects of expectations of co-worker performance. *Journal of Personality and Social Psychology, 61,* 570-581.

Zajonc, R. B. (1965). Social facilitation. *Science, 149,* 269-274.

58. Cartwright, D., & Zander, A. F. (1968). *Group dynamics: Research and theory* (3rd ed.). New York: Harper & Row.

Jackson, J. (1965). Structural characteristics of norms. In I. D. Steiner, & M. Fishbein (Eds.), *Current studies in social psychology* (pp.301-309). New York, NY: Holt, Rinehart and Winston.

59. Asch, S. E. (1951). Effects of group pressure upon the modification and distortion of judgments. In H. Guetzkow (Ed.) *Groups, Leadership and Men* (pp.177-190). Pittsburgh: Carnegie Press.

Deutsh, M., & Gerard, H. B. (1955). A study of normative and informational social influences upon individual judgment. *The Journal of Abnormal and Social Psychology, 51,* 629-636.

Milgram, S. (1974). *Obedience to Authority.* New York: Harper & Row. (ミルグラム S. 山形　浩生 (訳) (2008). 服従の心理　河出書房新社)

60. Fields, J. M., & Schuman, H. (1976). Public beliefs about the beliefs of the public. *Public Opinion Quarterly, 40,* 427-448.

神　信人 (2009). 集合的無知 日本社会心理学会 (編) 社会心理学事典 (pp.300-301)　丸善出版

Katz, D., & Allport, F. (1931). *Students' attitudes: A report of the Syracuse University research study.* Syracuse. New York: Craftsman.

Latané, B., & Darley, J. M. (1970). *The unresponsive bystander: Why doesn't he help?* New York, NY: Appleton-Century-Crofts.

Miyajima, T., & Yamaguchi, H. (2017). I want to but I won't: Pluralistic ignorance inhibits intentions to take paternity leave in Japan. *Frontiers in Psychology, 8,* 1508. https://doi.org/10.3389/fpsyg.2017.01508

宮島　健・山口　裕幸 (2018). 印象管理戦略としての偽りの実効化：多元的無知のプロセスにおける社会的機能 実験社会心理学研究, *58,* 62-72.

Prentice, D. A., & Miller, D. T. (1993). Pluralistic ignorance and alcohol use on campus: Some consequences of misperceiving the social norm. *Journal of Personality and Social Psychology, 64,* 243-256.

61. Greenleaf, R. K. (1977). *Servant-leadership: A journey into the nature of legitimate power and greatness.* Mahwah, NJ: Paulist Press. (グリーンリーフ，R. K. 金井　壽宏 (監訳)・金井　真弓 (訳) (2008). サーバント・リーダーシップ　英治出版)

池田　浩（2015）．サーバント・リーダーシップが職場をアクティブにする　島津明人（編著）職場のポジティブ・メンタルヘルス ── 現場で活かせる最新理論 ──（pp.85-93）　誠信書房

三隅　二不二（1966）．新しいリーダーシップ ── 集団指導の行動科学 ──　ダイヤモンド社

三隅　二不二（1984）．リーダーシップ行動の科学　改訂版　有斐閣

Stogdill, R. M. (1974). *Handbook of leadership: A survey of the literature*. New York: Free Press.

62. Curşeu, P. L., & Schruijer, S. G. L. (2010). Does conflict shatter trust or does trust obliterate conflict? Revisiting the relationships between team diversity, conflict, and trust. *Group Dynamics: Theory, Research, and Practice, 14*, 66-79.

Guetzkow, H., & Gyr, J. (1954). An analysis of conflict in decision-making groups. *Human Relations, 7*, 367-381.

Jehn, K. A. (1995). A multimethod examination of the benefits and detriments of intragroup conflict. *Administrative Science Quarterly, 40*, 256-282.

Murayama, A., Ryan, C. S., Shimizu, H., Kurebayashi, K., & Miura, A. (2015). Cultural differences in perceptions of intragroup conflict and preferred conflict-management behavior: A scenario experiment. *Journal of Cross-Cultural Psychology, 46*, 88-100.

Simons, T. L., & Peterson, R. S. (2000). Task conflict and relationship conflict in top management teams: The pivotal role of intragroup trust. *Journal of Applied Psychology, 85*, 102-111.

Stasser, G., & Titus, W. (1985). Pooling of unshared information in group decision making: Biased information sampling during discussion. *Journal of Personality and Social Psychology, 48*, 1467-1478.

63. Sherif, M., Harvey, O. J., White, B. J., Hood, W. R., & Sherif, C. W. (1961). *Intergroup conflict and cooperation: The Robbers Cave experiment* (Vol.10). Norman, OK: University Book Exchange.

64. 本間　道子．（2011）．集団行動の心理学　サイエンス社

Irwin, K., Tsang, J., Carlisle, R., & Shen, M. J. (2014). Group-level effects of forgiveness: Group cohesiveness and collective action in social dilemmas, *European Journal of Social Psychology, 44*, 280-286.

Lott, A. J., & Lott, B. E. (1965). Group cohesiveness as interpersonal attraction: A review of relationships with antecedent and consequent variables. *Psychological Bulletin, 64*, 259-309.

Sherif, M., Harvey, O. J., White, B. J., Hood, W. R., & Sherif, C. W. (1961). *Intergroup conflict and cooperation: The Robbers Cave experiment* (Vol.10). Norman, OK: University Book Exchange.

65. Dawes, R. M. (1980). Social dilemmas. *Annual Review of Psychology, 31*, 169-193.

Granovetter, M. (1978). Threshold models of collective behavior. *American Journal of Sociology, 83*, 1420-1433.

66. 小池　はるか・吉田　俊和（2005）．対人的迷惑行為実行頻度と共感性との関連 ── 受け手との関係性についての検討 ──　東海心理学研究, 1, 3-12.

吉田　俊和・斎藤　和志・北折　充隆（2009）．社会的迷惑の心理学　ナカニシヤ出版

67. Ajzen, I. (1991). The Theory of planned behavior. *Organizational Behavior and Human Decision Processes, 50*, 179-211.

68. Asghar, H. M. (2015). Measuring information seeking through Facebook: Scale development and initial evidence of Information Seeking in Facebook Scale (ISFS). *Computers in Human Behavior, 52*, 259-270.

Bastiaensens, S., Vandebosch, H., Poels, K., Van Cleemput, K., DeSmet, A., & De Bourdeaudhuij, I. (2014). Cyberbullying on social network sites. An experimental study into bystanders' behavioural intentions to help the victim or reinforce the bully. *Computers in Human Behavior, 31.* 259-271.

Hertz, N.（2013）. *Eyes wide Open: How to make smart decisions in a confusing world.* London: Harper Business.（中西　真雄美（2014）．情報を捨てるセンス 選ぶ技術　講談社）

Lee, A. R., Son, S. M., & Kim, K. K.,（2016）. Information and communication technology overload and social networking service fatigue: A stress perspective. *Computers in Human Behavior, 55,* 51-61.

総務省（2014）．平成 26 年版情報通信白書　日経印刷

総務省（2015）．インターネットトラブル事例集（平成 27 年度版）Retrieved from http://www.soumu.go.jp/main_content/000447507.pdf（2016 年 5 月 9 日）

Vogel, E. A., Rose, J. P., Roberts, L. R., & Eckles, K.（2014）. Social comparison, social media, and self-esteem. *Psychology of Popular Media Culture, 3,* 206-222.

索　引

【執筆者紹介】

＊編　　者

谷口　淳一（たにぐち　じゅんいち）帝塚山大学心理学部：Episode9〜13, 41

西村　太志（にしむら　たかし）広島国際大学健康科学部：37, 40, 46, 48, この本をもっと活用
　　　　　　　　　　　　　　　　するための手引き 1〜5

相馬　敏彦（そうま　としひこ）広島大学大学院人間社会科学研究科：21, 24, 30, 31, 34, 47, 48,
　　　　　　　　　　　　　　　　54, 55

金政　祐司（かねまさ　ゆうじ）追手門学院大学心理学部：20, 26〜28

＊執　　筆　　者（執筆順）

中島　健一郎（なかしま　けんいちろう）広島大学大学院人間社会科学研究科：1, 39

藤原　　健（ふじわら　けん）国立中正大学心理学系：2, 17

小森　めぐみ（こもり　めぐみ）東京女子大学現代教養学部：3, 5, 6

礒部　智加衣（いそべ　ちかえ）千葉大学大学院人文科学研究院：4, 38

埴田　健司（はにた　けんじ）東京未来大学モチベーション行動科学部：7, 22, 23

柳澤　邦昭（やなぎさわ　くにあき）神戸大学人文学研究科：8, 45

浅野　良輔（あさの　りょうすけ）久留米大学文学部：14, 28, 66

木村　昌紀（きむら　まさのり）神戸女学院大学心理学部：15, 16, 18

毛　　新華（もう　しんか）神戸学院大学心理学部：19

鬼頭　美江（きとう　みえ）明治学院大学社会学部：25

長谷川　孝治（はせがわ　こうじ）駒澤大学文学部：29, 44

古村　健太郎（こむら　けんたろう）弘前大学人文社会科学部：32

宮崎　弦太（みやざき　げんた）学習院大学文学部：33, 42

山田　順子（やまだ　じゅんこ）立正大学心理学部：35

谷田　林士（たにだ　しげひと）大正大学心理社会学部：36, 65

川本　大史（かわもと　たいし）元中部大学人文学部（在職中に逝去）：43, 53

古谷　嘉一郎（ふるたに　かいちろう）関西大学総合情報学部：49, 53, 68

松本　友一郎（まつもと　ともいちろう）中京大学心理学部：50〜52

石盛　真徳（いしもり　まさのり）追手門学院大学経営学部：56, 58, 63

三沢　　良（みさわ　りょう）岡山大学学術研究院教育学域：57

藤村　まこと（ふじむら　まこと）福岡女学院大学人間関係学部：59

宮島　　健（みやじま　たける）福岡女学院大学人間関係学部：60

池田　　浩（いけだ　ひろし）九州大学大学院人間環境学研究院：61

村山　　綾（むらやま　あや）近畿大学国際学部：62, 64

加藤　潤三（かとう　じゅんぞう）立命館大学産業社会学部：67

［新版］エピソードでわかる社会心理学
── 恋愛・友人・家族関係から学ぶ

2017年3月10日　初版第1刷発行
2018年9月10日　初版第3刷発行
2020年4月15日　新版第1刷発行
2024年9月10日　新版第6刷発行

編著者　　谷口　淳一
　　　　　西村　太志
　　　　　相馬　敏彦
　　　　　金政　祐司

発行者　　木村　慎也

定価はカバーに表示　　印刷　新灯印刷／製本　新灯印刷

発行所　株式会社　北樹出版
〒153-0061　東京都目黒区中目黒1-2-6
URL：http://www.hokuju.jp
電話(03)3715-1525(代表)　FAX(03)5720-1488